인생이 술술 풀리는
말습관의 비밀

인생이 술술 풀리는 말습관의 비밀

노로 에이시로 지음
신찬 옮김

꼼지락

누구와도 편하게 대화가 이어진다

생각해보면 20년 넘게 남들에게 욕먹어본 적이 없는 것 같다.

인적이 드문 산속에 산다거나 무인도에서 혼자 물고기를 잡으면서 지내는 것도 아니다. 오히려 기업의 의뢰를 받아 제품이나 서비스를 세상에 알리는 PR컨설턴트와 방송작가를 겸하고 있어 매일매일 수많은 사람을 만난다.

살면서 사소한 주의를 받은 적은 있지만 최근 20여 년간은 그 누구에게도 혼나거나 미움을 산 적이 없다.

내가 만나는 대부분의 사람은 "노로 씨는 말하는 게 재미있어요. 만나면 즐거워요"라고 말한다.

그렇다고 내가 말주변이 뛰어난가 하면 꼭 그렇지도 않다.

다만 님들에게 "노로 씨는 재미있어!" "신기하게도 밉지 않아······"라는 평가를 받을 수 있는 나만의 몇 가지 '법칙'이 있다. 그중 하나가 '자신을 관철시키지 않는다'는 것이다. '뭔가 비겁해 보이는데?'라고 부정적으로 생각하는 사람도 있겠지만 전혀 그렇지 않다.

서로 다른 두 개의 회의에서 '나'

나는 현재 약 열다섯 개 회사와 컨설턴트 계약을 맺고 있는데 업무의 결이 모두 제각기 달라서 일하는 방식도 천차만별이다.

일본을 대표하는 자동차 회사와 이동통신사를 예로 들어보면, 내가 업무에 관여하는 방식이 정반대임을 알 수 있다.

자동차 회사와의 프로젝트는 관계자들이 정기적으로 큰 회의실에 모인다. 최종 결정권을 가진 '높은 분'도 참석하는데, 잡담이나 수다를 떨 수 있는 편안한 분위기 속에서 두 시간 정도 회의를 진행한다.

회의는 먼저 회사 측이 확정안에 가까운 아이디어를 제시하고 나에게 의견을 요청하는 식이다. 상세한 내용은 말할 수 없지만, 쉽게 말해 저녁 메뉴를 카레로 정한 상태에서 시식용으로 만든 카레를 맛봐달라는 느낌이다. "정말 좋네요. ○○를 넣으면 더 좋을 것 같아요" 정도로 가볍게 조언하는 게 나의 역할이다.

주요 안건에 대한 이야기가 끝나더라도 훈훈한 분위기 속에서 잡담이 이어진다.

반면에 이동통신사는 회의가 부정기적으로 있는데, 많을 때는 일주일에 세 번 할 때도 있다. 좁은 회의실에서 네 명이 회의하는데 겨우 20~30분 정도만 시간이 할애된다. 거래처 담당자는 분 단위로 일정이 있어서 회의 시간을 20분 잡았으면 정확히 20분 후에 마친다.

그래서 인사도 대충하고 바로 본론으로 들어간다. 회의는 주로 내가 제안하는 형식이다. 말하자면 정해진 메뉴가 없으니 가능한 한 많은 아이디어를 내면 상사와 검토해서 훗날 알려주겠다는 느낌이다. 20분 동안 시장조사 자료 등의 통계를 살펴보며 제안 하나당 수 분 단위로 프레젠테이션을 이어간다.

두 회사 모두 큰 회사라서 모든 회의가 이렇게 천편일률적으로 똑같지는 않을 것이다. 다만 여기서 내가 하고 싶은 이야기는 같은 PR컨설팅이라도 회사마다 바라는 바가 다르다는 것이다.

만약 회의 중에 똥 이야기를 하면?
일반적으로 '말하는 법'에 관련된 책은 '이럴 때는 이렇게 말하면 원하는 것을 얻는다!'는 식이다.

물론 이런 책들도 구체적인 대화 사례를 들면서 말하는 법의 본질을 소개하지만, '무엇을' '어떻게' 이야기할 것인가에 앞서 내상이 '누구'인지를 반드시 먼저 생각해야 한다는 점을 간과해서는 안 된다.

내가 앞에서 언급한 자동차 회사와의 회의에서 갑자기 맹렬한 기세로 침을 튀기며 이야기하기 시작한다면, "노로 씨, 무슨 일 있어요? 뭐 잘못 먹었어요?"라는 말을 들을 수 있다. 이 정도 핀잔이면 그나마 다행이지만 어쩌면 "이봐요, 노로 씨! 우리가 당신에게 바라는 건 그런 게 아니에요"라고 정색하며 충고할지도 모른다.

반면 이동통신사와의 회의에서 "근데 말이에요. 여기 오다가 똥을 밟았지 뭐예요……"라고 웃기는 에피소드를 말하면 "시간 없어요. 본론부터 말하시죠"라며 화낼 게 뻔하다.

즉, 상대방이 무엇을 원하는지 파악하고 거기에 맞춰 이야기 내용이나 말하는 방식을 카멜레온처럼 바꿀 필요가 있다.

이렇게 해야 "노로 씨는 참 재미있게 말하네요!"라는 반응을 얻을 수 있지, 자신의 이야기만 관철시키려고 하면 오히려 욕을 먹고 큰 화를 입을 수 있다.

재미 있는지 없는지는 상대방이 결정한다

방송작가로 일할 때도 마찬가지다. 방송작가가 하는 일은 원고 작성이 전부가 아니다. 오히려 방송 전반을 관장하는 참모적인 역할이 더 크기 때문에 전략가다운 면모가 필요하다. 시청률을 올리기 위한 방안을 구상하고 디렉터나 프로듀서를 보좌하는 게 주요 업무다.

직접 프로그램을 기획해서 제안하기도 하는데, 상대방의 니즈(needs), 즉 욕구를 파악하지 않고 본인이 하고 싶은 기획을 내서는 좀처럼 통과되기 어렵다. 예를 들어 나는 프로듀서에게 기획안을 제안할 때면 다음과 같은 캐치프레이즈로 주위를 환기시킨다.

Ⓐ 이건 모 방송국에서 시청률 15%를 기록한 기획인데요…….
Ⓑ 이건 아직 어떤 방송국하고도 해보지 않은 기획인데요…….

여러분은 어떤 캐치프레이즈가 이목을 끌고 재미있다고 생각하는가? 그런데 정답은 없다. 재미 있고 없고를 판단하는 사람은 내가 아니라 프로듀서다. 상대방이 안정적인 두 자릿수 시청률을 원한다면 A일 것이고, 큰 실패를 감수하더라도 20퍼센트가 넘는 시청률에 도전하겠다면 B에 더 흥미를 느낄 것이다.

나는 오랫동안 방송업계에 있다 보니 담당 프로듀서의 성향을 잘 알고 있어서 상대방에 따라 A로 이야기할 때도 있고 B로 이야기할 때도 있다.

요긴대 당신의 이야기가 흥미롭고 재미있다고 판정하는 사람은 당신이 아니라 상대방이다.

일도 연애도 동료와의 관계도 '저 사람은 재미있어!'라는 평판을 얻으면 그다음부터는 대부분 잘 풀린다. 인기 있는 남자 부동의 1위는 시대를 막론하고 '재미있는 사람'이다. "말이 쉽지 실제로 재미있는 사람 되기가 얼마나 어려운데요?"라고 반문하는 독자도 있겠지만 잘 생각해보면 의외로 간단하다.

상세한 내용은 본문에서 밝히겠지만 여성이 '재미있다고 느끼는 남성'이란, 정확히 말하면 '나를 재미있게 해주는 남성'이다. 어떤 한 남성이 A라는 여성에게는 재미있을지 몰라도 B라는 여성에게는 따분할 수 있다. 앞서 설명한 두 가지 타입의 캐치프레이즈와 마찬가지다.

재미있는 사람이 되고 싶다면 상대방의 성향을 잘 파악하고 그에 맞춰 자신을 변화시키면 된다.

"네? 나를 바꾸라고요? 에이……. 그게 쉬운가요?"

누군가 되묻는 소리가 들리는 것 같다.

그래서 이 책을 썼다.

말주변이 없는 사람, 낯을 가리는 사람, 대화가 이어지지 않아 고민인 사람도 '상대방의 마음을 사로잡을 수 있는 48가지 말습관 법칙'을 정리했다. 읽어보면 말이 재미있는 사람과 따분한 사람의 차이를 극명하게 알 수 있을 것이다.

또한 남들에게 혼나거나 미움을 사는 일이 없어질 것이다.

협상이나 회의가 잘 풀려 업무 성과가 극적으로 개선될 것이다.

이성에게 인기도 얻을 것이다. 아마도, 틀림없이!

그럼 '자신을 바꾸는 방법'부터 이야기를 시작해보자.

CONTENTS

2장 · 대화가 이어지는 사람이 말하는 법

3장 • 똑똑해 보이는 사람이 말하는 법

4장 • 왠지 편안한 사람이 말하는 법

5장 · 왠지 화를 낼 수 없는 사람이 말하는 법

6장 · SNS가 재미있는 사람이 글 쓰는 법

부드러운 말로 상대를 설득하지 못하는 사람은
위엄 있는 말로도 설득하지 못한다.
－안톤 체호프

1장

재미있게 이야기하는 사람이 말하는 법

법칙
01

재미있게 이야기하는 사람은
상대방에 따라
말하는 방식을 바꾼다.

VS

재미없게 이야기하는 사람은
누구에게나
말하는 방식이 똑같다.

상대에 따라 말하는 방식을 바꾸는 사람

누구에게나 말하는 방식이 똑같은 사람

뭔가를 판다고 가정해보자. 상대방의 의향과 무관하게 무턱대고 팔고 싶은 것을 어필해봐야 거래가 성사될 리 없다. 서로의 생각이 다르기 때문이다.

이를테면, 나는 후지텔레비전의 버라이어티쇼인 〈기적 체험! 언빌리버블〉의 방송작가로서 방송 기획회의 등에서 프레젠테이션을 할 때면 다음과 같은 캐치프레이즈로 주위를 환기시킨다.

🅐 이건 모 방송국에서 시청률 15%를 기록한 기획인데요…….
🅑 이건 아직 어떤 방송국하고도 해보지 않은 기획인데요…….

'프롤로그'에서 밝혔듯이 어떤 개치프레이즈에 흥미를 보이고 식상해할지는 전적으로 프로듀서의 마음이다. 안정적인 두 자릿수 시청률을 원하는지, 아니면 큰 실패를 감수하더라도 20퍼센트가 넘는 시청률에 도전할 것인지는 상대방이 판단한다.

다음의 상품광고 문구 중에 어떤 문장이 마음에 꽂히는가?

Ⓐ TV에도 많이 소개된, 지금 화제의 상품입니다!

Ⓑ 알 만한 사람은 다 아는 상품입니다!

A는 주위 분위기에 잘 동조하는 타입의 고객이 타깃인 문구다. 수입이 평균적이거나 그 이하인 부류는 일반적으로 모두가 갖고 있는 물건에, 즉 유행에 민감한 경향을 보인다. 반면 B는 상대적으로 수입이 높은 부류를 타깃으로 한 문구다. 이들은 일반적으로 개성을 중시하기 때문에 대다수가 갖고 있는 물건, 즉 유행하는 상품은 진부하다고 생각한다.

즉, 정답은 공략할 타깃층에 따라 광고 문구를 달리 사용해야 한다.

심판이 누구인가?

대부분의 사람은 말을 할 때 '무엇을 어떻게 이야기할 것인가?'에만 집중한다. 하지만 '상대방이 무엇을 원하는가?'가 더 중요하다. 당신의 이야기가 흥미로운지 어떤지를 판정하는 사람은 당신이 아니라 상대방이기 때문이다. 그래서 상대방이 뭘 원하는지, 어떤 성격인지를 파악해둬야 한다.

나는 클라이언트에 맞춰 말하는 방식도 이야기 내용도 달리한다. 의견을 말할 때도 있고 숨길 때도 있다. 뿐만 아니라 동일 인물일지라도 그때의 상황을 보고 말하는 방식을 바꾸기도 한다.

상대방이 내 의견을 듣고 싶어 하면 말을 꺼내지만, 상대방이 이미 결론을 내리고 동조나 지원을 원하는 눈치면 "그걸로 좋습니다" 하고 단박에 받아들인다. 그리고 실수나 빠진 부분만 살펴보고 지적한다.

대화의 달인이 되려면 무엇을 말할 것인가보다는, 상대방의 '반응'에 따라 말하는 방식을 어떻게 바꿀 것인가를 중시해야 한다. 이야기가 재미있는지 어떤지를 판정하는 심판은 내가 아니라 상대방이기 때문이다. 그래서 상대방의 상태나 기호, 성격을 관찰하고 판별하는 일이 무엇보다 중요하다.

key point

이야기의 재미 여부를 판정하는 사람은 상대방이다.
상대방의 '반응'에 따라 말하는 방식을 바꾸자.

법칙
02

재미있게 이야기하는 사람은
카멜레온처럼 변신한다.

VS

재미없게 이야기하는 사람은
'자신'만 내세운다.

카멜레온처럼 상대에게 맞춰주는 사람

계속해서 자신을 내세우는 사람

상대에 따라 말하는 방식을 달리하는 것을 두고 혹자는 '줏대 없는 놈'이라고 비난한다. 하지만 이는 오해다.

결혼해서 아이를 낳고 직장에 다니며 상사나 동료, 거래처와 일하는 평범한 회사원을 예로 들어보자.

과연 회사 상사와 자기 아이에게 말하는 방식이 똑같은 사람이 있을까? 배우자를 대할 때와 동료를 대할 때는 어떠한가? 오히려 똑같은 게 이상하다. 아기에게는 어르는 식으로 이야기하고 동료에게는 빈틈을 보이지 않는 식으로 대응한다. 왜냐하면 그렇게 해야 대화가 흘러가기 때문이다. 이는 말하는 방식이외에도 응용할 수 있다.

나는 클라이언트의 인품이나 업종에 따라 복장을 달리한다. 방송국에 갈 때는 너무 딱딱하게 보이지 않도록 넥타이늘 매지 않지만 광고대행사나 금융기관에 갈 때는 반드시 맨다.

여러분도 휴일에 공원에서 아이와 놀 때와 단골 거래처를 접대할 때의 복장이 다를 것이다. 샐러리맨도 만나는 사람에 따라 복장이나 넥타이, 구두 등에 변화를 줄 수 있다. 핑크색을 좋아하는 사람을 만날 때는 핑크 넥타이를 매보는 건 어떨까?

사람은 '자신에게 맞춰주는 것'을 좋아한다

이는 사생활에서도 유용하다.

이상적인 연인의 조건으로 '재미있는 사람' '공감할 수 있는 사람' '이야기를 잘 들어주는 사람' 등이 자주 거론되는데, 내 눈에는 모두 같은 말처럼 들린다.

정확히 말하면 '나를 재미있게 해주는 사람' '나를 공감해주는 사람' '내 이야기를 방해하지 않고 이해하고 들어주는 사람'인 것이다. 즉, 사람은 '자신에게 맞춰주는 사람'이 자기와 통하고 이상적인 상대라고 인식한다.

친해지고 싶거나 사귀고 싶은 사람이 있다면 방법은 간단하다. 상대방을 세심하게 관찰해서 모든 것을 상대방에게 맞추는 것이다. 정말로 좋아한다면 그 정도는 할 수 있다. 상대방이 만화 〈원피스〉를 좋아하면 당신도 공부해서 "그죠? 재미있죠?"라며 맞춰주자.

반면에, 직장 상사가 "우리 애랑 〈원피스〉를 봤는데 뭐가 재미있는지 당최 모르겠어"라고 말하면 어떻게 대응하는 게 좋을까? "저도 시시하다고 생각해요"라고 당차게 말하면 된다. 최고의 요리사가 표정이나 사소한 말 한마디로 손님의 몸 상태를 파악해서 음식 맛에 변화를 주는 것과 마찬가지다. 상대방에게 맞춰주는 것이 궁극의 배려다.

설령 당신이 〈원피스〉 마니아라고 해도 '속마음'을 굳이 보일 필요는 없다.

가족 같은 분위기의 회사에 들어가면 따뜻한 성향의 사람이 되고, 삭막한 분위기의 직장을 다니다 보면 성격도 딱딱해지기 마련이다. 말하자면 우리는 원래 모두가 카멜레온인 셈이다.

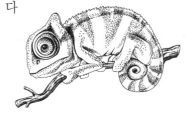

key point

상대방에 맞춰 말을 바꾸자.
이것이야말로 궁극의 '배려'다!

상대방을 주어로 말하는 사람
자신을 주어로 말하는 사람

'재미있게 이야기하는 사람'은 이성에게 큰 호감을 준다. 예를 들어 오랫동안 인기를 누리고 있는 아카시야 산마(일본의 대표적인 코미디언이자 국민 MC-옮긴이)가 대표적이다.

나는 몇 차례 함께 일할 기회가 있었는데, 그가 천재적인 달변가임을 실감했다.

하지만 대부분의 사람은 그만의 '재미있게 이야기하는 법'이 있음을 모른다. 분석해보면 생각지도 못한 법칙이 숨어 있다.

산마는 자기 이야기를 전면에 내세우기보다는 상대의 이야기를 듣고 풍부한 리액션을 보이는 스타일이다. 소파나 바닥에 구르며 자지러지고는 하는데, 이런 과장된 모습이 그를 '재미있는 사람'이라고 느끼게 해준다.

30년 이상 방송된 토크쇼 〈산마노만마〉는 물론이고 버라이어티쇼 〈춤추는! 산마 저택〉처럼 다수의 게스트를 모시고 진행할 때도 기본은 똑같은데, 주로 세 가지 스텝을 거쳐서 이야기를 끌어낸다.

step 1   출연자의 외모나 복장, 최근 화제나 사소한 발언 등을 제시하며 "어때요?"라고 두루뭉술하게 묻는다.

step 2   이야기에 호응하면서 리액션을 풍부히 하고 크게 웃어서 출연자의 기분을 좋게 한다.

step 3   기분이 좋아진 출연자가 들떠서 털어놓는 이야기에서 재미있는 포인트를 끄집어내 화제를 발전시킨다.

산마는 출연자가 아무리 초보자라도 순간적으로 방송을 재미있게 만드는 재주가 있다. 방송이 재미있는 이유는 출연자가 재미있는 사람이라서가 아니다. 산마의 리액션이 재미있기 때문에 그 자리가 즐겁고, 출연자는 '내 이야기가 먹히는구나!'라고 만족하는 것이다.

국민 MC에게 배우는 '주어' 활용법

대부분의 사람은 대화할 때 자기 이야기를 하느라 남의 이야기는 듣는 둥 마는 둥 한다. 자기가 하고 싶은 말에만 집중한 나머지 상대방의 입장을 배려하지 않고 흘려듣고 마는 것이다.

처음부터 자기를 주어로 삼아 말하는 건 좋지 않다. "실은 얼마 전에 ○○를 갔는데 ××여서⋯⋯"와 같은 이야기는 나중에 하는 것이 좋다.

"오랜만이에요. 요즘 어떻게 지내요?"

"어? 오늘은 좀 피곤해 보이시네요."

"벌써 여름인가요? 계절을 앞서가시네요."

이처럼 상대방이 주어인 질문을 한 후, 그 반응에 다소 크게 리액션하면서 질문을 이어가고, 이야기에 진전이 없으면 또 다른 주제를 던지는 식으로 이야기를 이끌면 좋다. 그러다가 상대방이 정말로 재미있는 이야기라도 하게 되면 더할 나위 없다. 자지러질 듯한 리액션을 보이면 상대방도 즐겁고 기분이 좋다.

요컨대 상대방의 이야기에 크게 반응하면 신기하게도 그 사람에게 당신은 '재미있는 사람'이 된다.

key point

상대방이 주어인 질문을 하자.
리액션이 크면 상대방도 즐겁다.

법칙
04

재미있게 이야기하는 사람은
상대방에 비해
3분의 1만 이야기한다.

VS

재미없게 이야기하는 사람은
상대방보다
3배 더 이야기한다.

상대에 비해 3분의 1만 이야기하는 사람
상대보다 3배 더 이야기하는 사람

아카시야 산마의 대화법에서 반드시 배우고 싶은 것은, 먼저 '지나치게 많이 말하지 않기'다.

방송을 잘 보면 의외로 산마 자신은 별로 이야기하지 않는다. 사실 그는 태어날 때부터 수다스러웠다거나 신칸센을 타면 옆 사람이 지칠 정도로 끊임없이 말한다는 소문이 돌 정도인데 말이다.

방송을 녹화해서 시간을 재보면 산마에 비해 상대방이 대략 2.5배 정도 이야기를 더 하고 있음을 확인할 수 있다.

이야기가 무르익어 산마의 말이 많아지더라도 상대방보다는 말하는 양이 적다. 대화에 열기가 더해지며 풍성해져도 상대방보다는 적게 말하려고 컨트롤하는 것이다.

그리고 또 하나 배우고 싶은 것은 '화제 하나당 1~3분 넘기지 않기'다. 3분이 넘으면 지체 없이 화제를 바꾼다. 아무리 재미있는 이야기도 3분을 넘기면 지루해진다고 생각하는지 3분 이내에 재미있는 요소를 최대한 끌어낸다.

이런 대화법이 산마를 재미있는 사람으로 만드는 결정적인 이유다.

자기 의견이 아닌 일반론에서 실마리를 찾자

'재미있는 사람인데 말수가 많지 않다'는 모순적인 산마의 대화법은 중요한 시사점을 준다.

다름 아니라, 이야기에 재미를 더하기 위해 굳이 자기 의견을 제시할 필요가 없다는 것이다.

산마는 자신도 재미있는 이야기를 하지만 그 이상으로 상대방의 이야기에서 재미 요소를 뽑아내 화제성을 키우는 데 중점을 둔다. 자기 이야기는 줄이고 상대방의 의견을 이끌어낸 후 긍정적인 반응을 보여서 그 자리의 분위기를 끌어올리는 식이다.

마찬가지로 영업자는 고객의 이야기를 귀담아들어야 하고, 이성에게 인기가 없는 사람은 상대방에게 자신을 장점을 어필해야 한다. 컨설턴트는 유의미한 아이디어를 제시할 수 있어야 한다.

간혹 상대방에게 재미있는 에피소드나 좋은 아이디어가 보일 때는 어떻게 해야 할까?

자기주장을 관철시킨다고 능사가 아니다. 우선은 당신이 관여해서 그 자리가 즐겁고, 프로젝트가 성공적인 방향으로 가면 오케이인 것이다.

이런 의미에서 산마는 자신의 의견을 말하지 않는 대신에 일반론을 제시하여 교묘하게 마찰을 피한다. 요컨대 "종종 이런 일이 있잖아요?"와 같은 식으로 말을 꺼낸다. 자신의 의견이나 경험을 내세우기보다는 흔한 일반론을 제시해서 상대방이 다음에 무슨 이야기를 하면 될지를 능숙하게 유도한다.

우리가 살면서 자신의 의견을 피력해야 하는 상황은 사실 한정적이다. 보통은 가능한 한 상대방의 의견을 듣고 반응하는 일에 집중하는 것이 최우선이다.

무엇보다 결과물을 내는 일이 가장 중요하다. 이를 위해서 대화라는 무기로 먼저 재미있고 즐거운 분위기를 만드는 데 노력해야 한다.

key point

상대방보다 길게 이야기하지 말자.
일반론에서 실마리를 찾아 화제를 키워가자!

법칙
05

재미있게 이야기하는 사람은
다양한 역할을 연기한다.

VS

재미없게 이야기하는 사람은
한 가지 역할로만 말한다.

다양한 역할을 소화하며 말하는 사람

한 가지 역할만 고집하는 사람

재미없게 이야기하는 사람을 굳이 긍정적으로 표현하면 성실한 사람이 아닐까? '자신의 이상향'이 확고한 나머지 유연성이 떨어져 남들이 원하는 사람이 되지 못하는 것이다.

누가 뭐래도 나는 나인 것이다. 그래서 바꿀 수 없다. 이런 생각을 가진 사람에게 "남들이 원하는 사람이 되는 건 어때요?"라고 말해봐야 납득하지 못한다.

그렇다면 생각을 바꿔서, 만나는 사람에 맞춰 '가공의 새로운 캐릭터'를 만들어보는 건 어떨까?

예를 들어 A 씨가 기뻐할 수 있게 A 씨용으로 커스터마이징된 캐릭터를 만들어 '홍길동A'라고 명명하고, B 씨용으로는 '홍길동B'를 만드는 식이다.

메모상에 A 씨, B 씨의 프로필과 성격, 취미, 취향 등을 써넣고 홍길동A, 홍길동B의 캐릭터와 성격, 패션 스타일 등을 상세히 적은 '사양서'를 만들면 더 좋다. 당사자를 만나기 전에 사양서를 살펴보고 해당 캐릭터로 연기하고, 헤어지면 자기 자신으로 돌아오면 된다.

때로는 배우처럼 연기가 필요하다

'굳이 그렇게까지 해야 하나?'라고 생각하는 사람도 있겠지만, 이처럼 가공의 캐릭터로 변신하는 일을 숭고한 직업으로 삼은 이들도 있다.

바로 배우다.

사카이 마사토는 매우 매력적인 배우다. 누구는 그를 '한자와 나오키'(일본 드라마 〈한자와 나오키〉 주인공. 대기업 은행원으로 거품경제 시기에 수많은 적과 싸우는 열혈 인물 - 옮긴이)로 보고 누구는 '고미카도 겐스케'(일본 드라마 〈리갈 하이〉 주인공. 실력은 뛰어나지만 돈만 밝히는 변호사 - 옮긴이)로 본다. 하지만 둘은 사카이 마사토가 연기하는 역할, 즉 가공의 캐릭터에 지나지 않는다.

한자와 나오키와 고미카도 겐스케 중 누가 더 사카이 마사토 본인에 가까운지는 알 수 없지만, 한자와 나오키도 고미카도 겐스케도 사카이 마사토 본인이 절대 아니다. 그렇지만 사카이 마사토는 한자와 나오키의 역할을 마치자마자 바로 고미카도 겐스케로 변신했다.

홍길동A와 홍길동B도 마찬가지다. 각본이 그러하니 열심히 노력해서 연출 의도에 따라 연기하면 그뿐이다. 대사가 자신의 생각과 다를지라도 대본에 따르면 된다. 그게 일이기 때문이다.

그렇다고 연기가 실제의 자신인 홍길동을 바꿀 수는 없다. 다만 배우가 역할을 연기하고 인생관이나 생각이 다소 바뀔 수 있듯이, 역할이 연기하는 자신에게 영향을 줄 수는 있다.

다양한 '캐릭터'를 잘 소화하기 위한 팁을 한 가지 소개하면, 홍길동A가 될 때는 핑크 넥타이를 매고 B가 될 때는 향수를 뿌려보자. 이처럼 '스위치' 역할을 해주는 구체적인 무언가를 정해두면 편리하다. 이렇게 하면 의외로 쉽게 캐릭터에 몰입할 수 있다.

당신에게는 상대방에 따라 다양한 '배역'이 있다.
그 배역을 성실히 수행해보자!

일단 들어보는 사람
바로 거절하는 사람

한 유명 인사와 아침을 같이 먹은 적이 있다. 장소는 그가 도쿄에 올 때마다 이용하는 최고급 호텔이었다. 그는 도쿄에 머무는 동안에는 호텔에 상당한 돈을 쓰는 VIP인 셈이다.

그는 메뉴판을 펼쳐보고 "어? 메뉴가 바뀌었네"라며 혼잣말을 하더니 자신이 즐겨 먹던 음식이 빠졌음을 발견했다.

웨이터를 부른 후 항상 먹던 스크램블드에그와 베이컨을 주문하고 싶다고 부탁했다. 그리고 자신이 원하는 익힘 정도는 셰프가 알고 있으니 확인해달라고 덧붙였다.

그런데 웨이터가 그 자리에서 이렇게 말하는 것이 아닌가?

"죄송합니다만, 메뉴에 없는 것은 제공해드릴 수 없습니다."

그는 납득할 수 없었다. 특이한 식재료를 사용하는 음식도 아니고 며칠 전까지만 해도 실제로 존재했던 메뉴라서 불가능해 보이지 않았던 것이다.

웨이터는 완고했다. 아침부터 재수 없게 '불쾌한 손님'이 나타났다는 표정으로 한술 더 떠서 이렇게 말했다.

"너무 죄송한데, 메뉴가 바뀌었거든요. 이 중에서 골라주시겠어요?"

기계적인 응대는 그만

유명 인사가 화를 낸 것도 무리는 아니었다. 여기는 저렴한 가격으로 승부하는 비즈니스호텔도 아니고 번화가에 있는 식당도 아니다. 매번 고가의 숙박료를 지불하는데 이런 사소한 요청에 쓸데없이 까탈스럽게 굴 이유가 없었다.

그는 지배인을 불러 숙소를 바꿀 테니 모든 짐을 정리하라고 전했다. 당황한 지배인은 웨이터에게 사정을 듣고 아직 일을 시작한 지 얼마 되지 않아 교육이 충분하지 않았다며 정중히 사과했다.

메뉴에 없는 것은 제공할 수 없다는 말이 전적으로 잘못이라고는 볼 수 없다. 중국집에서 프랑스 요리를 주문할 수 없는 것과 마찬가지다. 하지만 이 상황은 경우가 달라도 한참 다르다.

웨이터는 적어도 정말로 불가능한지 주방에 가서 확인할 필요가 있었다. 셰프가 유쾌하게 수락해서, 이 불쾌한 손님이 실은 호텔의 중요한 VIP임을 알 수도 있었다.

　아침 식사는 아무리 비싸봐야 몇만 원 수준이다. 하지만 그가 수개월간 사용한 숙박료는 수천만 원은 될 것이다.

　상대의 이야기를 충분히 듣지 않고 자기 입장만 내세워서는 곤란하다. 이런 상황은 비즈니스를 할 때나 일상생활 속에서도 종종 벌어진다. 상대방이 뭔가를 말했다면 먼저 잘 듣고 의도를 파악해서 받아들일 부분은 받아들이겠다는 자세가 필요한 대목이다. 무슨 일이든 잘 알아보지 않고 거절부터 하면 안 된다.

법칙
07

재미있게 이야기하는 사람은
"맞아요!" "그쵸!"라며
맞장구를 친다.

VS

재미없게 이야기하는 사람은
"근데……" "하지만……"이라며
반론한다.

맞장구를 잘 치는 사람
반론 먼저 꺼내는 사람

방송작가를 막 시작할 무렵의 일이다. 아이디어 회의에 참석했는데 무슨 말을 해야 할지 도무지 몰라서 난감했던 적이 있다.

프로듀서와 디렉터, 유명 방송작가 선배들이 회의에 나왔는데 어찌나 속도감 넘치게 아이디어를 내고 회의를 진행하는지 그저 놀랍기만 했다. 나는 신참으로 불려 나왔을 뿐이지만 회의에 끼어들기는커녕 말 한마디 할 수 없었다. 결국 꿔다 놓은 보릿자루처럼 앉아만 있다가 회의가 끝나버렸다.

너무나 낙담한 나머지 어떻게 하면 이 난국을 헤쳐나갈까 고민했다.

그 당시 생각해낸 방법은 일단 "맞아요!"라는 식으로 호응하는 것이었다.

A 씨가 뭔가 발언하면 "아하, 맞아요!"라고 하고, B 씨가 뭔가

발언해도 "확실히 그런 거 같아요"라고 맞장구를 쳤다. 또 남들이 웃으면 함께 웃고 남들이 고민하기 시작하면 나도 "음……"이라며 진지한 모습을 보였다.

대화 주제가 뭔지 몰라도 분위기에 맞춰 "맞아요!" "네, 네~" "우아!" "음……" "그렇군요!"라며 재빨리 반응을 보이며 회의에 참가하고 있다는 인상을 주려고 노력했다.

회의 내용은 여전히 어려웠지만 리액션을 열심히 했더니, 신기하게도 회의에 쫓아갈 수 있었다.

맞장구만 쳐도 달라진다

이런 식으로 회의에 몇 번 참석했더니, 프로듀서나 선배 작가들이 "역시, 너도 그렇게 생각하는구나"라며 반응을 주기 시작했다. 단순히 분위기를 읽고 추임새를 넣었을 뿐인데 "오, 제법인데?"라며 긍정적으로 평가해줬다.

지금은 이런 회의에 참석해도 신참일 때처럼 당황하는 경우는 거의 없다. 연륜이 쌓인 덕분이다. 다만 누군가가 발언을 하면 "맞아요!"라며 맞장구치는 버릇은 여전하다. 특히 그 자리를 지배하는 '가장 높은 사람'에게는 절대 반론하지 않고 항상 동조한다.

예를 들어 커플이나 부부 사이라고 해도 한쪽이 기분이 나쁠 때는 무슨 말을 해도 불 난 집에 부채질하는 격이다. 이럴 때는 이야기의 내용보다는 상대방의 기분을 먼저 살펴야 한다. 기분이 나쁠 때는 누가 무슨 말을 해도 기분 나쁠 뿐이다.

소개팅 자리에서도 "아하, 그렇군요" "맞아요. 무슨 말인지 알겠어요"라는 반응만 보여도 상대방은 '이 사람과 맞는 것 같다'고 생각한다.

회의도 마찬가지다. 전체의 분위기를 지배하는 사람은 회의 주최자, 단적으로 말하면 가장 높은 사람이다.

높은 사람에게 "근데……" "하지만……"과 같은 반응을 보여봤자 상대해주지 않는다. 아무리 훌륭한 아이디어가 있어도 그 자리의 분위기를 거스른다면 먹히지 않는다. 오히려 잘못하면 '분위기 파악 못하는 놈'으로 낙인찍히고 만다.

회사든 학교든, 혹은 소개팅에서든 일단은 분위기를 파악하고 "맞아요!" "그쵸!"를 활용해서 그 자리의 리듬을 타는 연습을 해보자. 분명 자연스럽게 대화에 낄 수 있을 것이다.

"맞아요!" "그쵸!"를 반복하다 보면 자연스럽게 대화에 낄 수 있다.

법칙
08

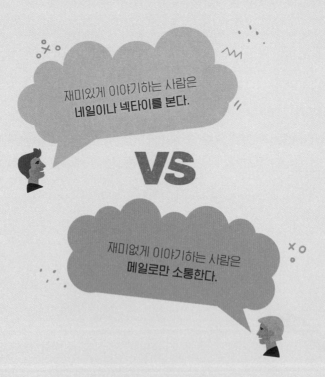

재미있게 이야기하는 사람은
네일이나 넥타이를 본다.

VS

재미없게 이야기하는 사람은
메일로만 소통한다.

관찰하고 말하는 사람
이메일만 보내는 사람

모처럼 좋은 아이디어가 있어도 프레젠테이션 대상자나 회의의 주최자 등 이른바 높은 사람의 기분이 나쁜 상황이라면, 제안해봐야 실패로 돌아갈 확률이 높다. 따라서 전체의 분위기를 파악함과 동시에 특정 인물의 상태를 관찰하는 것이 중요하다.

특히 다수가 참가하는 회의 등에서 전반적인 분위기는 나쁘지 않지만, 가장 중요한 사람이 뭔가 언짢아하고 있을 때 주의해야 한다.

예를 들어 실무자 간에는 분위기가 긍정적이지만 거래처의 상사는 뭔가 꿍해 있다는 인상을 받을 때다.

이때는 중요한 인물, 즉 '가장 높은 사람'의 변화를 재빨리 알아차리지 못하면 큰 화를 입을 수 있다. 열쇠를 쥐고 있는 사람의 말 한마디로 그 자리의 분위기가 순식간에 바뀔 수 있기 때문이다.

이럴 때는 논의를 성급하게 진행하지 말고 당사자의 생각을 우선시하면서 '당신이 언짢아하는 걸 신경 쓰고 있어요'라는 사인을 보내자.

그리고 원인이 파악되면 그것부터 먼저 해결하는 것이 좋다. 그 자리에 있는 누군가가 못마땅한 건지, 시간이 너무 지체되고 있어서 그런 건지, 아니면 배가 고프거나 다른 업무나 개인사가 잘 풀리지 않아서 그런 건지 등 어떤 문제가 있는지 주변이나 당사자의 상태를 살피도록 하자.

"어떻게 내 취향을 알아요?"라고 말하게 하는 기술

특정 인물의 변화를 감지하려면 어느 정도 트레이닝이 필요하다. 정기적으로 그 사람을 관찰하고 평소 모습을 파악해두면 문제가 생겼을 때 다른 점을 알아차릴 수 있다.

여성이라면 화장, 손톱 등에 미묘한 변화가 있을 것이다. 나는 자주 만나는 사람이라면 반드시 눈여겨본다.

"사토 씨, 혹시 네일 바꿨어요?"

"맞아요! 이 핑크색이 맘에 들어서요. 근데 이거 두 시간이나 걸렸지 뭐예요."

"스즈키 부장님, 넥타이가 평소와 다른데요? 그거 에르메스 죠?"

"하하하, 우리 회사도 보너스가 좀 올랐어요."

이런 식으로 대화할 수 있으면 더할 나위가 없다.

평소 관찰하는 습관을 가지면 회의할 때도 미묘한 분위기 변화를 감지할 수 있다.

이 방법은 또 다른 장점이 있는데, 바로 그 사람의 취향을 수집할 수 있다는 것이다.

사토 씨가 선호하는 색은 핑크이고, 스즈키 부장은 에르메스 브랜드를 좋아한다. 이와 같은 데이터를 메모해두면 훗날 선물할 일이 있을 때 유용하고, 잡담이나 접대를 할 때 분위기를 좋게 만드는 이야기 소재로 활용할 수 있다. 그러면 상대는 "어떻게 내 취향을 잘 알아요?"라며 놀란다. 하지만 이 모든 건 본인이 스스로 말해준 것과 다름없다.

사람을 관찰하지도 않고 대화도 없이 이메일로만 커뮤니케이션을 하면 중요한 변화를 놓칠 수 있으니 주의하자.

중요 인물을 집중 관찰해서 변화를 감지하자!

재미있게 이야기하는 사람은
상대방을 '공범'으로 만든다.

VS

재미없게 이야기하는 사람은
자기 혼자서 하고 끝낸다.

상대를 공범으로 만드는 사람

자기 혼자 처리하는 사람

나는 기본적으로 '공범 관계'를 구축한다.

정말로 재미있는 아이디어가 있는데 혼자 힘으로는 실현하기 어려울 때가 있다. 보통 이럴 경우에는 대화를 매개로 필요한 능력을 갖춘 사람을 끌어들인다.

"함께하자, 힘이 필요해, 도와줘" 등과 같은 말은 '상대를 끌어들여' 공범 관계를 맺기에 효과적이다. 즉, 한배를 타게 만드는 것이다.

사과할 때나 고백할 때도 마찬가지다. 사과하는 이와 사과받는 이, 고백하는 이와 고백받는 이가 서로 공범 관계가 되면 일을 수월하게 해결할 수 있다.

공범 관계를 구축하기 위한 두 가지 포인트

그럼 어떻게 하면 공범 관계를 구축할 수 있을까? 먼저 '정보'를 항상 공유해야 한다. 혼자서 모든 걸 짊어지지 말고 틈틈이 메일로 진척 상황을 알린다. 담당자뿐만이 아니라 그의 상사까지 참조로 정보를 공유하면 안심이다.

비즈니스에서 가장 중요한 것은 정보다. 그것을 공유하면 할수록 이해관계가 일치한다.

그리고 '상대방의 이점'을 명확히 해야 한다. 대화가 필요한 상황이라면 상대는 대개 당신과 입장이 다르다. 입장이 다른 사람과 대화할 때는 어떤 이해관계가 있는지, 어디가 약점인지, 무엇에 흥미를 느끼는지 등을 염두에 두고 이야기하는 게 좋은데, 이때는 협력해주면 상대에게 어떤 이익이 있는지를 찾아내는 것이 중요하다. 이것만 찾으면 공범 관계를 맺기 쉽다. 이런 밑 작업 없이 담담하게 설명만 한다면 일방적인 명령과 다를 바 없을 것이다.

예를 들어 어떤 매장에 정규직이 한 명인데 점장이고, 아르바이트하는 점원은 모두 점장보다 나이가 많으며 경험이 풍부한 사람이라고 하자. 본사에서는 하루가 멀다 하고 매출 상향, 비용 절감 등을 요구하는 상황인데 점장은 점원들에게 어떻게 말해야 목표를 달성할 수 있을지 고민이다.

공범 관계라는 개념은 이런 상황에서 효과적이다. 나라면 먼저, 정보 공유를 통해 서로의 입장 차이를 명확히 전달하겠다.

자신은 일단 종신 고용인 정규직이고 본사의 명령에 따라 어떤 점포로 갈지 모르는 존재다. 급여는 본사가 정하는데 그 기준은 각 점포의 실적이다. 점원은 주로 학생 아니면 주부다. 문제만 없으면 이 점포에서 계속 일할 작정이며 점원의 시급은 점장의 재량이다.

이렇게 말한 후에는 점원이 원하는 바가 무엇인지 알아보겠다. 시급을 올려달라, 업무 시간을 조정해달라, 성실한 사람과 그렇지 않은 사람은 차등을 둬달라는 등 상대방의 이해득실을 알아야 비로소 자신의 이해득실과 연결해서 이야기를 꺼낼 수 있다. '이번 달만 목표를 달성하면 시급을 올리도록 본사와 협의하겠다'라든지 '인력을 충원할 테니 괜찮은 사람 있으면 소개해달라' 등과 같은 대화가 가능해진다. 서로의 이해득실을 연관 지으면 본인은 물론이고 상대방도 일하기 편해진다.

이해득실이 일치하면 '공범 관계'가 될 수 있다!
먼저 상대의 니즈를 파악하라.

법칙
10

재미있게 이야기하는 사람은
정답은 하나가 아님을
알고 있다.

VS

재미없게 이야기하는 사람은
정답은 하나라고
믿고 있다.

정답은 하나가 아님을 알고 있는 사람

정답은 하나라고 믿는 사람

이야기를 잘하는 사람은 절대로 상대방의 의견이나 질문을 즉시 부정하지 않는다.

상대방의 의견이 아무리 난해하고 시답잖아도 혹은 자신의 의견과 다르더라도 일단은 귀담아듣는다.

딱딱한 회의 자리건 편안한 회식 자리건 친구와 놀 때건, 사랑하는 사람과 데이트할 때건 아이건 어른이건 모두 다 똑같다. 무슨 질문을 받아도 대답은 "맞아요"부터 시작한다.

반론을 해야 한다면 일단은 "맞아요"라고 말한 뒤에 "그렇지만 저는……"을 덧붙이는 식으로 이야기하고 가능한 한 자신을 낮춘다.

이렇게 이야기하면 "당신의 의견은 틀리고 내 의견이 옳아요"라는 식으로 들리지 않고, "당신의 의견은 그렇군요. 하지만 이렇게 생각할 수도 있어요"와 같이 양쪽을 존중하는 것처럼 들린다. 상대방이 명확히 틀렸더라도 무안을 주지 않고 의견을 수정할 수 있게 배려하는 셈이다.

여기까지 읽고 '과연 그렇군, 분명 맞는 말이야'라고 생각한다면 이 순간부터 어떤 질문을 받더라도 일단은 긍정적인 반응을 먼저 보이는 습관을 갖자.

미래는 아무도 장담할 수 없다

반면에, '무슨 말인지 모르겠어. 이해가 안 돼'라는 사람도 있을 것이다. 그럼 다른 관점으로 내가 상대방의 말을 절대로 부정하지 않는 이유를 설명해보겠다.

나는 비즈니스도 연애도 정답이 여러 가지라고 생각한다.

물론 위법한 행동은 논외다. 달리 말하면 법에 저촉되지 않는다면 어떤 생각이든 그 나름대로 정답인 것이다.

나는 컨설턴트다. 앞으로 발매될 상품이나 서비스를 어떻게 알려야 할지 고민하는, 이른바 미래지향적인 일을 한다. 나뿐만 아니라 대다수의 사람도 직장, 연애, 부부관계, 육아 등을 통해 미래의 일을 염두에 두고 지금을 살고 있을 것이다.

앞으로 어떤 일이 일어날지는 아무도 모른다. 지금 누군가의 의견이 마음에 들지 않더라도 불과 1년 후에 그런 자신의 모습을 부끄러워할 수 있다.

설사 지금은 오답이지만 세상이 바뀌어서 정답이 될 수도 있다. 정답을 모른다면 법에 저촉되지 않는 한 모든 답변은 정답의 요소를 가지고 있는 셈이다.

클라이언트에게 "노로 씨, 그거 100퍼센트 괜찮나요?"라는 질문을 받기도 하는데 솔직하게 말해서 나도 이런 질문은 몹시 당혹스럽다.

재미있게 이야기하는 사람은 의미 없는 장담은 하지 않는다. 앞으로 어떤 일이 일어날지는 아무도 알 수 없으며, 그렇기 때문에 사는 게 재미있는 것이다.

key point

먼저 "맞아요"라고 동의한 뒤에 자신의 의견을 말하자.
정답은 하나가 아니다.

key point **CHAPTER 1**

◆ 이야기의 재미 여부를 판정하는 사람은 상대방이다. 상대방의 '반응'에 따라 말하는 방식을 바꾸자.

◆ 상대방에 맞춰 말을 바꾸자. 이것이야말로 궁극의 '배려'다!

◆ 상대방이 '주어'인 질문을 하자. 리액션이 크면 상대방도 즐겁다.

◆ 상대방보다 길게 이야기하지 말자. 일반론에서 실마리를 찾아 화제를 키워가자!

◆ 당신에게는 상대방에 따라 다양한 '배역'이 있다. 그 역할을 성실히 수행해보자!

◆ 즉답은 상대방의 의도를 무시하는 것과 다름없다. 일단은 다 듣고 이해한 후에 이야기하자!

◆ "맞아요!" "그쵸!"를 반복하다 보면 자연스럽게 대화에 낄 수 있다.

◆ 중요 인물을 집중 관찰해서 변화를 감지하자!

◆ 이해득실이 일치하면 '공범 관계'가 될 수 있다! 일단은 먼저 상대의 니즈를 파악하자.

◆ 먼저 "맞아요"라고 동의한 뒤에 자신의 의견을 말하자. 정답은 하나가 아니다.

2장

대화가
이어지는 사람이
말하는 법

법칙
11

대화가 이어지는 사람은
유행에 민감하다.

VS

대화가 이어지지 않는 사람은
유행에 둔감하다.

펭수를 아는 사람
펭수를 모르는 사람

멋진 이성을 만날 목적으로 공원에 산책을 나가기 위해 개를 키우는 사람이 있다.

"진짜 그런 사람이 있어요?"라고 반문할지 모르겠지만 정말로 있다. 개인적으로 그다지 나쁜 방법은 아니라고 생각한다. 이성과의 만남을 꿈꾸지만 아무것도 하지 않는 사람에 비하면 행동도 구체적이고 적극적이다.

'이성과의 만남'을 아무리 원해도 거리나 공원을 무작정 걸어봐야 자신이 연인을 구하고 있는 상태임을 알릴 도리가 없다. 그렇다고 '연인 모집 중'이라는 플래카드를 들고 다니거나 확성기로 외치며 다닐 수도 없다.

그래서 어떤 계기를 만들기 위한 아이템으로 개를 데리고 산책하는 것이다. 혹시 자신과 마찬가지로 개를 산책시키는 멋진 이성과 만나 서로의 개가 친해지면 자연스럽게 자기소개를 하는 분위기로 발전할 수 있다. 원하지 않는 타입과 엮이는 경우도 있을지 모르지만 희망은 품어볼 수 있다.

요컨대 포인트는 '계기'를 마련해서 상대방이 알아차리도록 하는 것이다.

'쿠마몬'을 몸에 달고 미팅

비즈니스를 할 때도 마찬가지다. 만나자마자 상대방의 마음을 열 수 있다면 상담이나 교섭을 친근한 분위기 속에서 진행할 수 있다.

나는 누가 뭐라고 하든 유행하는 물건이 있으면 지체 없이 구한다. 쿠마몬(구마모토현 마스코트-옮긴이) 같은 캐릭터가 유행하면 해당 피규어나 인형 등을 사서 가방에 달고, 드라마가 히트하면 관련 상품을 선물로 준비한다. 세계에서 가장 높은 전파탑인 도쿄 스카이트리 전망대 입장권은 누구보다 빨리 구했고, 새 아이폰 발매 때는 새로운 색상인 골드를 바로 샀다.

어디에 반응할지는 상대방 마음이다. 젊은 클라이언트는 유행하는 캐릭터 인형을 보고 "귀여워요!"라고 말해준다. 그것이 어디에나 있는 단순한 곰 모양의 피규어나 인형이었다면 보고도 아무렇지 않게 넘겼을 것이다.

말수가 적은 사람이 아이폰을 보고 "대박! 골드 색상을 어떻게 구했어요?"라며 의외의 모습을 보일 때도 있다. 이런 반응을 보인 상대와는 대화가 쉽고 그 자리가 편해진다. 무엇에 반응하느냐에 따라 상대방의 취향도 알 수 있다. 이를 계기로 거래처 담당자와 친해져서 연인으로 발전할 수 있을지 누가 알겠는가?

대화가 이어지지 않아서 고민이라면 상대방이 반응할 만한 유행 아이템을 준비해보자. 그러면 저절로 분위기가 좋아지고 상대방은 당신을 '재미있는 사람'으로 여길 것이다. 캐릭터 인형을 달고 다니는 것만으로 대화가 유쾌해진다면야 이보다 더 간단한 방법이 또 있겠는가?

때로는 모처럼 준비한 것들이 모두 수포로 돌아가기도 한다. 하지만 뭐 어떠하랴? 또 다른 걸 준비하면 그뿐이다.

"유행을 따르다니 한심해"라며 물정 모르는 소리 하지 말고, 유행하는 것에 사람들이 관심 보인다는 점을 알아야 한다. 흔히 '타임 이즈 머니(Time is Money)'라고 하는데 '타이밍 이즈 머니(Timing is Money)'기도 하다.

유행하는 아이템으로 '계기'를 만들자.
아이템은 많으면 많을수록 좋다.

다소 엉뚱한 면이 있는 사람

빈틈없이 성실한 사람

아이템을 이용한 '계기 만들기'와 마찬가지로 '엉뚱함'도 상대
방의 마음을 여는 데 효과적이다.

상대 마음의 문턱을 낮춰 분위기를 밝게 해줄 뿐만 아니라
"당신이 있어서 다행이에요"라는 평가를 받을 수 있는 '엉뚱함'
의 매력을 발산하는 기본 기술을 공개하겠다.

"노로 씨는 (나이를) 얼마나 드셨어요?"

"요즘 큰일이에요. 점심밥도 먹었는데 간식으로 빵도 먹고,
몇 분 전에 떡볶이도 먹었지 뭐예요. 저녁까지 먹으면 총 다섯
끼요."

"식사량을 묻는 게 아니잖아요!"

이는 '연상 게임'의 법칙을 활용한 것이다. "얼마나 드셨어요?"라는 질문에 무엇을 떠올릴지는 자유다. 이야기의 흐름상 상대방은 나이를 물었지만 '식사량'을 답하는 엉뚱함을 보여 웃음을 유발했다. 이런 식으로 말하면, 예를 들어 최신 다이어트 소식으로 화제를 전환하는 등 이야기를 확장시킬 수 있는 이점도 있다.

"그래서 노로 씨는 나이가 어떻게 되냐고요?"
"음, 사람으로 치면 마흔여섯이요."
"당신, 사람이 아냐?"
"개라면 열한 살일 거예요."

어설픈 만담 같지만 이런 대화가 분위기를 밝게 만든다. 상대방이 개를 키운다면 애완견 이야기로 화제를 넓힐 수도 있다. 이렇게 분위기를 말랑하게 만들면 '역시 노로 씨와 대화하면 즐거워'라는 반응을 보인다(실제로 대부분 이렇게 말해준다).

포인트는 가능한 한 유니크한 연상을 하는 것이다. 발상이 독특하면 화제를 넓혀가는 데 편리하다.

재미있는 사람은 '엉뚱함'의 매력을 알고 있다
다음은 '있을 수 없는 일' '무모한 일'을 아무렇지 않게 말해서 엉뚱한 매력을 발산하는 방법이다.

"노로 씨는 꿈이 뭔가요?"
"저요? 음, 다시 태어난다면 방탄소년단에 들어가고 싶어요."
"춤추며 노래한다고!?"

물론 90킬로그램이 넘는 나를 보고 누가 춤추고 노래하는 아이돌을 상상할 수 있으랴? 그렇기 때문에 천연덕스럽게 "방탄소년단에 들어가고 싶어요"라고 말하는 게 웃음을 유발하는 포인트다.

'이상한 것' '유행하는 것'을 활용해서 엉뚱함의 매력을 발산하는 방법도 있다.

"K 부장은 너무 꼼꼼해서 좀처럼 컨펌해주지 않아요."
"마치 우리 엄마 같아요."
"네? 무슨 의미인지?"

"더 이상 불만 사항이 없나 봐요?"
"네, 근데 불만 오항은 있어요."
"??? 하하하, 그게 뭔데요?"

"저보고 누구 닮았대요. 누군지 아시겠어요?"

"음…… 셀럽파이브 중에 고른다면……."

"하필 왜 거기서 골라요!?"

"우아! 노로 씨, 오늘 뭔가 패션이 멋져 보여요!"

"하하하, 방탄소년단의 여덟번째 멤버 같죠?"

"장난하나…… 이 사람이!"

"노로 씨, 지금 몇 시예요?"

"그리니치표준시로 볼 때 오전 6시 45분입니다."

"네? 굳이 그렇게까지 말 안 해도……."

이처럼 아재 개그를 해보는 건 어떨까? 유명인을 예로 드는 방법도 좋고, 반대로 전혀 생각지도 못한 이상한 대상을 가져와서 답하는 방법도 웃음을 유발하는 데 효과적이다.

다만 너무 오타쿠 취향이면 갑자기 분위기가 얼어붙을 수 있으니 모두가 알 만한 내용을 소재로 삼는 것이 무난하다. 참고로 재난이나 종교, 인종, 전쟁 등을 소재로 삼는 건 언쟁의 요소가 될 수 있으므로 삼가자.

그렇다고 지나치게 골머리를 앓을 필요는 없다. 딱딱한 대화 분위기를 부드럽게 만들 수 있다면 그것으로 충분하다.

나는 이렇게 대화의 재미를 위해 일부러 엉뚱한 말을 하는 건 괜찮다고 생각한다. 요컨대 핀잔을 두려워하지 않고 재미를 추구하는 것이 편안한 대화를 이끄는 기술인 셈이다.

key point

엉뚱함은 상대방의 마음을 연다.
핀잔을 두려워 말고 엉뚱함의 매력을 발산하지!

법칙
13

대화가 이어지는 사람은
생각지 못한 말을 던져
놀라게 한다.

VS

대화가 이어지지 않는 사람은
늘 날씨 이야기만 해
지루하게 한다.

의외의 말을 던지는 사람

날씨 이야기만 하는 사람

대화를 할 때는 보통 본론에 앞서 가벼운 잡담으로 상대방의 심기를 살피고 분위기를 부드럽게 만드는 것이 좋다. 그런데 상대가 초면인 경우라면 무슨 말을 해야 할지 난감하다.

이럴 때는 대부분 상투적인 화법을 사용한다. 예를 들어 '일단은 날씨 이야기부터 시작'한다. "이제 완연한 봄이네요" "더위도 이제 막바지군요" "바람이 이제 선선하네요" "아, 이제는 춥네요" 등등.

솔직히 개인적으로는 이런 식으로 말을 걸어오면 지루해서 견딜 수가 없다.

대화를 이어가려면 절대 날씨 이야기를 해서는 안 된다. 왜냐하면 상대방은 "그렇군요"라는 반응 이외에 딱히 화제를 넓힐 수 없기 때문이다. 대화할 때는 이야기가 이어질 수 있는 주제를 던져야 한다.

날씨 이야기로 대화를 재미있게 이끄는 방법

다만 날씨 이야기로도 대화를 재미있게 이끌 자신이 있다면 상관없다. 상투적인 소재로도 재미를 줄 수 있다.

나는 게릴라성 호우를 만나면 일부러 잔뜩 젖은 채로 나타나서 웃음을 선사한다. 강한 인상을 남길 수 있고 무엇보다 동정받을 수 있다. 어쩌면 누군가는 평생 나를 기억해 줄 것이다.

또 연일 더위가 이어지는 한여름에는 어떨까? "덥군요"라는 인사는 지나치게 식상하다고 생각한 나는 클라이언트를 만나기 전에 편의점에 들렀다.

약속 시간에 만난 클라이언트에게 "오늘도 정말 덥군요"라고 하니 상대는 "맞아요"라는 뻔한 반응을 보였다.

그래서 "너무 더워서 저기 편의점에 있는 거 전부 샀어요"라고 말하면서 가리가리군('아삭아삭'이라는 뜻의 아이스크림─옮긴이)이 잔뜩 든 봉지를 내밀었다. 개수는 서른 개 정도였다.

상대방은 "노로 씨! 뭐예요, 이거?"라며 깜짝 놀랐다.

나는 해맑은 표정을 지으며 "이거 먹으면 더위가 싹 가셔요.

하나 드셔보세요. 옥수수수프 맛이
의외로 괜찮아요"라며 하나를 꺼
내 먹기 시작했다.

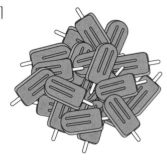

　서른 개나 먹을 수 없는 상
대방은 사무실에 있는 사람들
에게 아이스크림을 돌렸다. 이렇
게 했더니 사무실 분위기가 술렁거렸
고 나는 '근처 편의점에 있는 가리가리군을 죄다 사 온 녀석'이
라며 두고두고 회자되었다고 한다. 겨울에는 '손난로 100개'를
선물하는 것도 좋은 방법이다.

　이렇게 소소한 지출은 있지만 날씨를 화제로 삼아서 강력한
인상을 남길 수도 있다.

key point

'일단은 날씨 이야기부터'는 NO!
만날 때 아이스크림을 건네는 건 어떨까?

대화가 이어지는 사람은
궁금하면 검색을 한다.

VS

대화가 이어지지 않는 사람은
궁금해도 그냥 참는다.

검색을 생활화하는 사람

늘 같은 이야기를 하는 사람

더위도 한철이니 매번 아이스크림을 사 들고 갈 수는 없다. 또 아무리 좋은 방법도 가끔 해야 의표를 찌르는 것이 된다.

그래서 평상시 잡담을 능숙하게 하는 방법을 알아놓는 것이 중요하다.

가장 중요한 포인트는 긍정적인 이야깃거리를 화제로 삼는 것이다. 방법은 간단하다. 우선 검색엔진으로 상대 회사의 최신 정보를 조사한다. 혹은 SNS로 상대의 근황을 파악한다. 한 달 만에 다시 만나기로 했다면 그사이에 무슨 일이 있었는지 확인해두면 좋다.

새로운 정보 중에 부정적인 내용은 빼고 긍정적인 내용만을 메모해서 다음과 같이 말해보자.

"그러고 보니, ○○사와 공동사업을 하시더군요?"
"신문기사로 봤어요. 그런 새로운 분야도 개척하시는군요?"

이런 말을 들은 상대방은 다음과 같이 답할 것이다.

"어? 알고 계셨네요? 여기서만 이야기하는 건데, 사장이 적극 추진하는 건이에요. 예산도 늘린다고 해요."
"아, 그거요? ○○사업부에서 하는 일인데, 회사에서는 실력 한번 보겠다는 분위기예요."

긍정적인 화제라서 상대방도 불쾌해하지 않는다. 어쩌면 내부 정보를 들을 수도 있다. 무엇보다 상대방에게 '이 친구, 평소에 공부하는 사람이구나'라는 인상을 줄 수 있다.

탐구하는 사람에게는 상대방도 그만큼 보답한다
만약 거래처가 상장회사라면 반드시 영업실적과 주가를 체크해두자. 최근 정보는 물론이고 과거 1년 정도는 추이를 살펴보는 게 좋다. 스마트폰만 있으면 이동 중이나 미팅 대기 중에도 쉽게 파악할 수 있다.
회사의 실적이 좋다면 다음과 같이 적극적으로 화제로 삼자.

"최근, 회사 실적이 참 좋군요. 뭐가 플러스 요인인가요?"

이 정도만 물어봐도 운 좋으면 새로운 정보를 손에 넣을 수도 있다.

여유가 있다면 해당 기업의 보도 자료나 경쟁사의 주가 등도 체크해두면 완벽하다.

열심히 공부하는 사람에게는 상대방도 그만큼 보답하는 법이다.

무슨 이야기를 하면 좋을지 모르겠다고 회사나 상사 뒷담화를 하는 사람이 있는데, 이럴 바에야 오히려 바로 본론을 꺼내는 게 낫다. 불만, 불평만 늘어놓으면 '이 친구는 못쓰겠네'라며 더 이상 만나기 꺼려 한다.

최신 정보나 주가는 반드시 체크!
자은 준비가 좋은 인상으로 이어진다.

대화가 이어지는 사람은
본론에 앞서 괜한 질문을
하지 않는다.

VS

대화가 이어지지 않는 사람은
본론에 앞서 괜한 질문을 한다.

괜한 질문은 하지 않는 사람
쓸데없는 질문부터 하는 사람

내가 생각하기에 '대화에 약한 사람'의 전형은 질문 조로 말을 하면서 일일이 동의를 구하는 사람이다. 예를 들면 다음과 같은 식이다.

"경제혁신 계획이 발표되긴 했는데 아직까지 경기가 좋은지는 실감할 수 없지 않나요?"
"출판계도 책이 팔리지 않아서 큰일이지죠?"
"아무래도 기후변화 이후에 재생 에너지 문제가 크게 대두되고 있지 않습니까?"

개인적으로는 답답한 나머지 "글쎄요. 별로 걱정하지 않아요"라며 핀잔을 주고 싶지만 꾹 참는 편이다.

나의 답답함과는 별개로 이런 말투가 나쁜 결정적인 이유는, 본론에 앞서 괜한 말을 해서 반론을 제기할 꼬투리를 제공한다는 점이다.

쓸데없는 질문으로 반론을 사면 원래 말하고 싶었던 본론을 꺼내기가 어렵다. 결론을 도출하기 위한 시나리오가 처음부터 엉망이 되는 셈이다. 최악의 경우 대화가 그대로 끝나버릴 수도 있다.

'~가 아닌가요?'가 사람을 불쾌하게 만드는 이유

흔히 하는 실수로, 예를 들어 보험 가입을 권유할 때 다음과 같이 본론 전에 괜한 질문을 해서 상황을 나쁘게 만든다.

"노로 씨, 지금은 괜찮겠지만 병에라도 걸리면 어떡하시겠어요?"

"그런 사람도 있겠지만, 저는 그다지 걱정 안 해요."

이런 식으로 말을 꺼낼 거라면 오히려 정면 승부해서 "노로 씨, 어떤 보험을 들었어요?"라고 묻는 편이 속 시원하고 좋다.

이렇게 물어봐서 상대가 보험에 가입할 의사가 없다고 하면 이러쿵저러쿵 쓸데없이 시간 낭비할 필요가 없고, 다른 보험이 있다고 하면 금액을 비교해서 검토해주면 된다. 개인적으로는 이렇게 확실하게 말하는 타입을 더 신용한다.

'~가 아닌가요?'라는 식으로 일일이 동의를 구하는 타입은 '작은 예스'를 쌓아서 최종적으로 목적하는 바에 '예스'로 답해 주기를 바라는 대화법이다. 하지만 이런 전술은 상대방이 관련 지식이 현저히 없을 때나 가능한 방법이다.

혹은 자신이 없으니까 일일이 동의를 구하지 않고서는 불안해서 일을 진행할 수 없기 때문인지도 모른다.

어찌 됐건 본인도 자신이 없는 걸 과연 어떻게 어필할 수 있을까? 이런 식의 질문에 식상한 사람은 상대방이 비즈니스 센스가 없다고 생각할 게 뻔하다.

'~가 아닌가요?'는 의외로 많은 사람이 무의식적으로 사용하는 말이다. 비즈니스에서는 작은 동의를 쌓아서 결론에 도달하려는 방식보다는 곧바로 본론을 말하는 편이 서로 시간 낭비가 없고 명확해서 좋다.

본론에 앞서 괜한 질문을 하지 말자!
동의를 구하는 '~가 아닌가요?'는 삼가자.

서론부터 이야기하는 사람
곧장 본론을 이야기하는 사람

재난 보도는 방송국이 가장 중요하게 생각하는 분야 중 하나다. 실시간 피해 상황이나 규모를 눈으로 확인하는 것은 주로 영상 매체이기 때문이다. 폭우로 물이 범람해 당장이라도 제방이 무너질 듯한 영상이 TV에 나오면 근처 주민들이 걱정되기까지 한다. 긴급 시에는 말보다는 영상의 임팩트가 더 크다.

스튜디오에서는 보통 중계진을 연결할 때 "그럼, 조금 전 범람 위험 수위에 이른 ○○강 ××다리 부근에서 전해드리겠습니다"와 같은 방송 멘트로 시작한다. 일종의 '서론'에 해당하는 이런 멘트는 방송을 진행할 때 매우 중요한 역할을 한다.

시험 삼아 음성을 지운 재난 보도를 보면 특별히 위기감도 없고 단순히 '저기는 어디지?'라는 생각이 들 뿐이다.

아무렇지도 않게 생각했던 방송 멘트는 실은 다음에 나오는 정보의 이미지를 결정짓는 중요한 역할을 한다. 오래된 가옥 영상이 그저 '빈집'으로 느껴질지, 아니면 '에도시대 건축된 유서 깊은 집'으로 느껴질지는 멘트를 어떻게 하느냐에 따라 다르다.

절대로 실패하지 않는 데이트 신청법

이처럼 '본론'에 앞서 서론을 말하는 이유는 그다음에 나올 정보에 미리 의미 부여를 하기 위함이다.

쉽게 말해 '기대감'을 주기 위한 것이다.

마음에 드는 이성에게 밥 한번 먹자고 물을 때 "이탈리아 음식이라도 먹을까요?"라고 하는 건 너무나 식상하다. 게다가 그 식당이 맛집이라면 뭔가 평범한 말투다. 본론만 전해져서 기대감이 거의 생기지 않기 때문이다.

"근처에 정말 맛있는 이탈리안 레스토랑이 있는데 같이 갈래요?"라면 조금 더 적극적인 느낌을 줘서 그나마 낫다.

그런데 나라면 다음과 같이 말하겠다.

"근처에 정말 맛있는 이탈리안 레스토랑이 있는데, 이베리코 포크소테가 입에 넣으면 5초 만에 녹아버리는 기가 막히는 맛이에요."

"이 근처 이탈리아 식당은 여배우 ○○ 씨가 단골이래요."

이렇게 서론부터 시작하면 상대는 기대감을 품고 상상한다. 결과적으로 데이트 신청을 받아들일 확률이 높아지는 것이다.

이 같은 방법은 비즈니스 상황에서도 마찬가지다.

"1,000명의 모니터 조사에서 97%가 맛있다고 인정한 신상품이 다음 달 발매됩니다."

"여기는 연예인이 많이 사는 맨션이라서 투자 가치가 있어요."

이상과 같이 본론에 앞서 상대방에게 긍정적인 인상을 줄 수 있는 서론을 반드시 넣어 말해보자.

서론은 상대방의 상상력을 자극하는 기술이다.
본론을 말하기 전에 기대감을 품게 하자!

법칙
17

대화가 이어지는 사람은
자기소개로 과거 1년 이내의
실적을 이야기한다.

VS

대화가 이어지지 않는 사람은
자기 커리어에서
최고의 순간을 이야기한다.

최신 실적 위주로 이야기하는 사람

인생 최고의 순간을 이야기하는 사람

몇 번 만난 사이라면 상대방에 맞춰 화젯거리나 아이템을 준비할 수 있지만, 처음 만나는 사람이라면 쉽지 않다. 그래서 초면일 때 자기소개가 무엇보다 중요하다.

자기소개는 '알아두면 덕이 되는 사람'임을 어필하는 것이 가장 중요하다. 비즈니스는 물론이고 남녀 관계에서도 이익을 주는 사람이 아니면 친해질 수 없다.

자기소개를 할 때, 비즈니스라면 대개 지금까지의 실적을 중심으로 자신을 어필한다.

이 경우, 나는 '과거 실적을 말할 때는 1년 이내로 제한'한다.

지금의 거래처를 언급할 때는 물론이고 잘 알려진 프로모션이나 프로젝트도 과거 1년 이내의 것만 이야기한다. 그 이전의 것은 아무리 훌륭해도 내 입으로 말하지 않는다.

조건이 너무 까다롭다고 생각하는 사람도 있겠지만, 이 규칙을 깨고 과거의 영광을 주절거리는 자신을 상상해보면 흠칫한다.

정말 멋진 이야기지만 2~3년 전 일이라면 어떨까?

내가 듣는 쪽이라면 '그 후에는 별로 한 게 없구나' 하고 생각할 것이다. 하물며 10~20년 전의 이야기는 아무래도 과하다. 자랑하면 할수록 상대방은 그만큼 더 씁쓸하게 느낄 뿐이다.

'상대방이 몰랐던 실적'을 어필하면 기회가 온다!

다만 너무 최근에 있었던 일만 이야기하면 "어, 그거 나도 잘 알아요!"라는 반응을 얻을 기회가 줄어든다는 단점도 있다. 요컨대 지금 TV에서 대대적으로 홍보하는 CM을 담당하고 있다고 어필했을 때, "아, 그래요? 요즘 TV 볼 시간이 없어서 잘 모르겠어요"라고 답하는 경우가 적지 않을 것이다.

이럴 때가 오히려 기회다. 자기소개는 자신에 대한 상대방의 기대치를 높이는 일이다. 아직 모른다면 현시점의 기대치는 제로이므로 앞으로는 오를 일밖에 없다. 이런저런 기획으로 진행한 CM이 신문사에서 취재 의뢰가 올 정도로 이슈가 됐다는 등의 긍정적인 정보를 제공하면 상대방의 기대치는 자연스럽게 높아진다.

상대방이 관심을 가진다면 질문할 것이고, 그렇게만 된다면 좋은 관계로 발전할 가능성이 높다. CM의 자료나 신문, 잡지

기사를 보여주면 더 큰 흥미를 유발시킬 수 있다.

그 후 상대방이 스스로 정보를 찾고, 기획이나 예산, 기간 등 모르는 부분을 물어온다면 대성공이다. 어쭙잖게 허세 피우지 않고 지금 하고 있는 일에 집중하는 모습을 보여주면 상대방도 허투루 생각지 않고 진지하게 대해준다.

자기소개 시 실적 자랑은 과거 1년 이내로
과거의 영광보다는 최신 정부를 이야기하자.

법칙
18

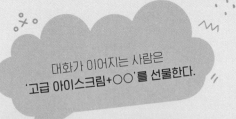

대화가 이어지는 사람은
'고급 아이스크림+○○'를 선물한다.

VS

대화가 이어지지 않는 사람은
'고급 아이스크림'만 선물한다.

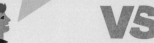

아이스크림과 ○○를 함께 들고 오는 사람

아이스크림만 들고 오는 사람

나는 상대에게 예상 밖의 말을 하거나 놀라게 하는 것이야말로 분위기를 유연하게 해 마음의 문을 열게 하는 최고의 접대라고 생각한다. 어떤 수를 써야 상대방의 마음을 빨리 열 수 있는지 고민하고, 거래처 등에 방문할 때는 가벼운 선물을 준비하는 것을 매너인 동시에 철칙으로 삼고 있다.

생각만큼 이야기가 진척되지 않는다고 고민하는 사람은 '어떻게 이야기를 풀면 좋을까?'에만 집중하는 경향이 있다. 하지만 애초에 상대방이 어떤 반응을 보일지 알 수 없으므로 예측해서 시나리오를 짜는 건 사실상 불가능하다.

그렇다면 발상을 전환해보자. 말하자면 이야기가 어떤 식으로 흘러도 대처할 수 있는 '분위기'를 만드는 것이다.

성공 사례를 소개해보겠다. 한번은 모임 자리에 나비넥타이

차림을 하고 가봤다.

"노로 씨, 뭐예요? 그 나비넥타이는?"
"어떤 분이 나비넥타이를 한 모습이 멋져서 따라 해봤어요.
이상해요?"
"안 어울려요(웃음)."
"그럼, 부장님께서 한번 해보실래요? 사진 찍어드릴게요."
"네? 내가요? 싫어요. 나도 안 어울릴 거예요."

준비물은 나비넥타이 하나면 된다. 이런 분위기로 10여 분을
다 함께 웃으며 이야기했다.

가리가리군, 다시 등장

준비물에 좀 더 신경 쓰는 경우도 있다. 유명인이 많이 모여 있
는 거래처에 방문할 때였다. 고급 아이스크림을 사 가기로 하고
여섯 개들이 세트의 가격을 물었더니 5천 엔(약 5만 원)이나 하
는 게 아닌가?

일단 샀지만 여섯 개만으로는 뭔가 심심했다. 그렇다고 대량
으로 사 가기에는 너무 비쌌다. 어떻게 하면 다들 즐거워할까?

그래서 편의점에 들어가 '가리가리군'을 샀다. '또 대량으로
사는 거야?'라고 생각하겠지만 이번에는 그러지 않았다. 가리

가리군 여섯 개를 사서 고급 아이스크림 포장지 안에 '보냉제'로 넣었다. 최고급 아이스크림과 극히 서민적인 아이스크림의 컬래버레이션! 한쪽은 여섯 개에 5천 엔, 다른 한쪽은 여섯 개에 500엔!

"매번 고마워요…… 엉? 근데 노로 씨, 이건 뭐예요?"
"헤헤헤, 가리가리군은 보냉제로 넣었어요."

갑자기 주변 사람들이 몰려왔다. "나는 서민이니까 가리가리군 먹을게요" "가리가리군, 정말 오랜만이네요. 나도 주세요"라며 분위기가 단번에 달아올랐다. 다들 인상 깊었던지 얼마 동안은 만날 때마다 그 일을 이야기하고는 했다.

나는 누군가를 만날 때 간단한 선물을 잊지 않고 건넨다. 사소하지만 뭔가 챙겨주고 싶은 마음도 있고, 그렇게 해서 상대방의 호감을 살 수 있다면 비용 대비 효과는 더할 나위 없기 때문이다. 여기에 서프라이즈까지 없든다면 잊을 수 없는 인상을 남길 수 있다.

서프라이즈를 생활화하자!

예전에 준비했던 생일 파티 모임에 대한 이야기를 하나 해보겠다.

먼저 단골 레스토랑에 특별한 요리와 디저트를 부탁했다. 이 정도는 누구나 생각할 수 있는 수준이다. 그런데 파티가 시작돼도 간사인 내가 나타나지 않는다면 어떨까? 생일 파티의 주인공도 내가 없다는 사실을 알아차리고는 이렇게 말했다.

"오늘 파티는 노로 씨가 준비했죠? 근데 어디 갔어요?"
"노로 씨는 갑자기 몸이 안 좋아서 못 오겠다고 했어요."
"아…… 그래요?"

물론 주인공 몰래 준비한 시나리오였다.

아무튼 준비한 파티 케이크가 나오자 사회자는 "파티셰가 직접 케이크를 가지고 나와서 인사하겠습니다"라고 소개했다.

카트를 밀며 큰 케이크를 가지고 온 파티셰는 주인공 앞에 서서 "생일 축하해요!"라며 큰 소리로 외쳤다. 그런데 이게 누군가? 파티셰로 분장한 나를 본 주인공은 깜짝 놀랐다. 나는 "오늘 케이크는 제가 직접 만들었어요!"라고 말했다. 근데 파티에 모인 사람들이 "에이, 노로 씨가 만든 거 누가 먹겠어요!?"라며 여기저기서 짓궂은 핀잔을 퍼부었다. 하지만 주인공은 매우 기뻐했다.

비즈니스맨이라면 본업에서 서프라이즈를 보여줘야겠지만 이런 일상생활 속 서프라이즈나 의외의 말을 던지는 행동은 자신이 얼마나 재미있는 사람인지 알리는 쇼케이스다.

평소 친하게 지내는 주위 사람을 놀라게 하는 일은 매우 즐겁다. 분위기가 좋아지는 건 물론이고 만일 안 먹히더라도 그 나름대로 재미있는 상황이 연출된다.

작은 선물을 준비하는 성실함에 몇 가지 서프라이즈를 더하면 어렵지 않게 특별한 분위기를 만들 수 있다.

key point

의외의 말을 던져보자! 서프라이즈를 준비하자!
상대방을 즐겁게 하고 나도 즐길 수 있는 '분위기'를 만들지!

대화가 이어지는 사람은
자기 이야기를 한다.

VS

대화가 이어지지 않는 사람은
회사 이야기를 한다.

개인적인 이야기도 하는 사람
회사 이야기만 하는 사람

비즈니스를 할 때 자기 이야기가 아니라 회사 이야기만 하는 사람이 있는데, 이는 잘못된 시작의 사례다.

"폐사는……" "저희는……" "우리 팀은……" 이런 식으로 말하면 솔직히 말해서 따분하다. 회사는 어차피 외형에 불과하다. 눈앞에 있는 본인이 어떤 사람인지, ○○주식회사에서 근무하는 당신의 실적과 역량이 무엇이고, 앞으로 어떤 방향으로 업무를 추진하려고 하는지를 알지 못하고서는 사실상 어떤 말을 해도 뜬구름 잡는 이야기일 뿐이다.

"우리 회사는 ○○프로젝트를 수행하고 있는데……."(수행은 경영진이 하는 거고 당신은 아니잖아요? 당신은 거기서 무엇을 하는 거죠?)

"최근에는 ○○가 히트해서······."(그건 다른 부서 실적이잖아요? 당신과는 관계없는 일!)

"폐사는 1900년에 창업해서······."(그런 케케묵은 일이 지금 무슨 상관이에요? 당신이 태어나지도 않았을 때잖아요!)

물론 이런 말들은 입 밖으로 내지 않고 마음속에만 쌓아두지만, 큰 소리로 말해주고 싶은 심정이다.

"회사 이야기는 듣고 싶지 않아요! 당신은 '누구'인가요?"라고 말이다.

업무 미팅 시에도 가장 먼저 소개할 것은 자기 자신이다. 잘 모르겠다면 '초면에 회사 이야기는 금지'라고 법칙처럼 외우자. 회사 이야기는 어느 정도 관계가 형성된 후에 해도 늦지 않다.

예외로 경영자라면 만나자마자 회사 이야기를 해도 괜찮다. 창업 경영자라면 회사와 한 몸이라고 해도 과언이 아니다. 소프트뱅크는 어떤 의미에서 손정의와 동격이라고 하겠다.

야구장에서 맥주 팔기

야구장의 맥주 판매원과 고객의 관계를 생각해보자. 판매원은 맥주를 효과적으로 팔기 위해서 여러 가지 궁리를 한다.

좋은 인상을 풍기거나 걷는 속도를 조절하고 사방으로 시선을 던진다. 말주변이 뛰어나 단골을 여럿 둔 판매원도 있다. 요컨대 자신을 판촉하는 것이다. 고객 중에는 판매원을 보러 친구까지 데리고 야구장을 찾는 사람도 있다.

이런 판매원들이 처음 보는 고객에게 자신을 어필하기보다는 맥주회사의 유래와 맛의 비밀을 설명하는 데 열중한다면 어떨까? 장사가 잘되겠는가?

일반적인 비즈니스에서도 마찬가지다. 만나자마자 갑자기 회사 이야기를 꺼내는 것은 참으로 어처구니없는 일인 셈이다.

상대방은 '당신'이 어떤 사람인지가 궁금하다.
맥주 판매원은 회사에 대해 이야기하지 않는다!

주변에서 화제를 수집하는 사람
인터넷에서만 화제를 수집하는 사람

"노로 씨는 어디서 그런 아이디어를 얻나요?"라는 질문을 자주 받는다. 신문이나 잡지는 무엇을 보는지, 참고하는 사이트나 SNS가 있는지 등도 물어온다.

물론 이런 소스를 체크해서 대화 소재로 삼기도 하지만, 주로 보고 듣거나 실제로 주변에서 일어난 일들을 소재를 삼는다. 다시 말해 재미있는 이야깃거리가 주위에 널려 있다고 생각하는 편이다.

어떻게 하면 자기 체험 속에서 이야깃거리를 찾을 수 있을까? 그 열쇠는 바로 자신이 느끼는 의문과 위화감이다.

나는 '이건 왜 그럴까? 이건 좀 이상하잖아? 이건 뭐지?' 등 항상 질문을 하고 위화감이 없는지 검토하는 버릇이 몸에 배어 있다.

누구나 처음에는 어색하지만 간단한 트레이닝을 통해 곧바로 '회복'할 수 있다. 여기서 회복이라는 표현을 쓴 이유는, 누구나 어릴 때는 하루 종일 호기심으로 충만했고, 항상 의문과 위화감을 갖고 답을 찾으려고 시간을 보냈기 때문에 이런 감각을 찾으면 된다는 의미에서다.

할머니들이 보라색으로 머리를 염색하는 이유
트레이닝은 밖으로 나가 무엇에서 위화감을 느끼는지 찾아보는 것부터 시작하자.

이 빌딩은 어째서 외벽이 노란색일까?
왜 모범택시는 검정색일까? 노란색이면 어떨까?
이층 버스를 만든 사람은 무슨 생각으로 만들었을까?
왜 여자들은 나이를 먹으면 머리를 보라색으로 염색할까? 그렇게 하면 뭐가 좋을까?
저 아저씨는 대머리인데 머리칼이 있는 부분은 왜 그렇게 풍성할까?

이런 생각을 하면서 길을 걸으면 여러 가지 재미있는 이야깃거리가 떠오른다. 당신이 생각하는 '표준'에서 벗어난 것, 당신이 소속되지 않은 조직, 당신과 다른 성별과 세대의 사람들, 평소에는 가지 않는 장소 등에는 위화감을 느낄 만한 소재가 반드시 있다.

익숙하지 않다면 '오늘은 분식집만 파겠어. 남자들 헤어스타일만 봐야지. 맨홀 뚜껑만 살펴봐야지'와 같이 주제를 정해도 좋다.

이런 생각으로 거리에 나서면 떠오르는 의문이 생각지도 못한 방향으로 튀어 또 다른 의문을 만든다. 산책만 해도 재미있는 이야깃거리가 많이 생길 것 같지 않은가?

이렇게 소재를 모아 대화할 때 활용해보자.

인터넷이나 매스컴 정보에 의존하는 사람은 어처구니없고 답도 없는 의문을 갖고 있어봐야 아무짝에도 쓸모없다고 여길 것이다.

하지만 나는 생각이 다르다. 물론 이런 종류의 의문이나 위화감에 대한 답은 쉽게 찾을 수 없다. 다만 명쾌한 답이 아니라도 자신만의 체험을 이야깃거리로 삼는 것이야말로 '저 친구 재미있군!'이라는 반응을 얻을 수 있는 원동력이다.

key point

TV나 인터넷 정보보다는 실제로 듣고 본 이야기가 최고!
평소에 위화감이나 의문을 갖고 이야깃거리를 찾자.

법칙
21

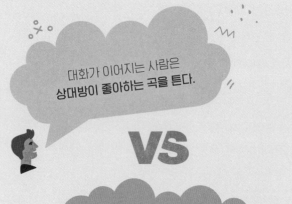

대화가 이어지는 사람은
상대방이 좋아하는 곡을 튼다.

VS

대화가 이어지지 않는 사람은
자기가 좋아하는 곡을 튼다.

상대가 좋아하는 노래를 트는 사람
자기가 좋아하는 노래를 트는 사람

마음에 두고 있는 여성과 데이트를 한다고 치자. 첫 데이트는 잘 풀렸다. 그 증거는 드라이브하자는 제안에 그녀가 흔쾌히 수락했기 때문이다.

드라이브를 가면 목적지와 상관없이 차 안에는 둘만 있다. 대화가 중간에 끊기면 어색하기 십상이고 길이 막히기라도 하면 흥이 깨질 수도 있다. 이럴 때 어떻게 하면 무난하게 대화를 이어갈 수 있을까?

상대방은 무엇을 좋아하는가?

분위기를 살리기에는 아무래도 음악만 한 게 없다. 미리 상대방의 SNS를 확인해서 좋아하는 아티스트의 음악을 내려받고 위키피니아나 기사를 통해 최신 정보를 확인해두자.

그다음은 분위기가 다소 어색할 때 "음악이라도 들을까요?"라고 말하기만 하면 된다. 딴 사람의 차에서 자기가 좋아하는 음악이 흘러나오면 놀랄 뿐만 아니라 굉장히 기쁘다. 기분도 덩달아 좋아져 세심한 배려에 틀림없이 따뜻한 마음이 싹틀 것이다.

말하자면 사전 리서치가 중요하다는 의미다. 비즈니스는 물론이고 학교에서도, 데이트할 때도 마찬가지다. 상대방의 취미나 기호를 조사해서 적절한 타이밍에 꺼내놓으면 큰 도움이 된다.

페이스북 사용자는 보통 개인의 취미나 기호를 공개해두기 때문에 매우 유용하다. 프로필 페이지를 보면 쉽게 알아낼 수 있다. 페이스북을 사용하지 않는다면 트위터 등 다른 SNS를 통해서도 어느 정도 알 수 있고, 서로 아는 친구를 통하는 방법도 있다.

나를 찾는 사람 중에는 출판사의 편집자가 많은데, 그들은 주로 내 페이스북 계정을 보고 나서 온다.

"노로 씨, 어제 비행기 놓칠 뻔했죠? 그 후에 어떻게 됐나요?"
"맞아요. 큰일 날 뻔했어요. 근데 그러고 나서 말이죠……."

그래서 이런 대화가 가능하다. 편집자가 나를 검색해본 덕분이다.

SNS뿐 아니라 평소 대화 중에도 상대방이 좋아하는 것을 물어서 조사해두면 좋다.

중요한 고객이 시바 료타로(《료마는 간다》를 쓴 일본 역사소설가―옮긴이)의 소설을 좋아한다면 대표작 한두 권 정도는 읽어두자.

"뒤늦게나마 한 권 읽기 시작했는데 푹 빠져버렸지 뭐예요. 다음으로 읽을 만한 거 추천해주세요"하고 물으면 분명 기분 좋게 이야기를 이어갈 수 있다.

하나도 어려울 게 없다. 미리 조사만 잘해두면 대화가 술술 풀릴 뿐 아니라 상대방은 기분이 좋아져서 알아서 이야기를 한다.

그다음에 "그렇군요!" "도움이 됐어요!"라는 말을 반복하면, 상대방은 당신을 '재미있게 이야기하는 사람'이라고 생각한다.

사전 조사로 상대방이
좋아하는 게 뭔지 알아두자.

대화가 이어지는 사람은
재미있는 소재를 엮어
이야기를 꾸민다.

VS

대화가 이어지지 않는 사람은
있는 그대로만 이야기한다.

소재를 엮어서 이야기하는 사람
곧이곧대로 이야기하는 사람

재미있는 소재, 상대가 기뻐할 이야깃거리를 찾았다면 정형화해두는 게 좋다. 즉, '반드시 먹히는 소재'로 삼아 쓸 만한 이야깃거리로 비축해두는 것이다.

이렇게 소재를 모아두면 이야기를 섞어서 꾸며낼 수도 있고 부족한 부분을 추가해서 완성도를 높일 수도 있다.

나는 약 열다섯 곳의 회사와 거래하고 있는데, 각 회사의 담당자끼리는 서로 모르니까 비축해둔 이야깃거리는 열 번 혹은 열다섯 번 정도 사용할 수 있다. 게다가 반복 사용하면서 반응을 보고 내용을 업그레이드하기도 한다.

이야기는 어떻게 꾸미면 될까? 그 힌트는 인기 만화책《여기는 잘나가는 파출소(일본 만화 잡지《주간 소년 점프》에서 40년간 연재 애니메이션과 드라마로도 만들어졌다 ─옮긴이)》의 주인공 '료'에게서 찾을 수 있다.

이 만화가 인기를 끄는 비결은 뭘까? 동네 파출소 이야기인데 내용이 괴상하다는 점이다. 정의를 구현하는 게 경찰일진대 놀음이나 취미에 돈을 쓰느라 늘 경제난에 허덕인다는 웃기는 설정과 반복되는 코믹한 요소가 절묘하게 조화를 이루고 있어 언제 읽어도 재미있다.

인기 만화에서 배우는 이야기 꾸미는 법

평소 주변에서 보고 들은 소재로 이야기를 만들려고 하는데 다소 엉성하다면, 주인공 '료'가 어떻게 하는지 참고하면 된다.

원래 이야기 어떤 부자에게 들은 이야기. 아들을 캐나다에 있는 기숙사형 학교에 유학 보냈는데, 아들은 학교 친구들이 모두 다 어마어마한 부자라서 놀랐대. 입학 선물로 페라리를 선물받고 기숙사 주차장에 세워둔 친구도 있었다나?

꾸며낸 이야기 어떤 부자에게 들은 이야기. 아들을 캐나다에 있는 기숙사형 학교에 유학 보냈는데, 학교 친구들이 모두 다 어마어마한 부자라서 놀랐대. 입학 선물로 페라리를 선물받고 기숙사 주차장에 세워둔 친구도 있었다나? 그걸 본 다른 친구가 분해서 페라리를 세 대 사서 주차장에 세워뒀

다지 뭐야. 근데 차에 전혀 흥미가 없던 아랍의 석유왕 아들이 "너희 일본인이지? 난 페라리 따위에는 관심 없어. 일본 지하철에 한번 타보고 싶어"라고 해서 '아하, 일본에 오면 안내해줘야겠다'고 생각했대. 석유왕 아들은 성미가 급했던지 곧장 아빠한테 "나, 지하철 타고 싶어요"라고 했어. 그러자 아빠가 "그래? 지하철 한 대 사줄게. 근데 선로는 어떡할래? 그거 캐나다에 깔려면 좀 번거로워서 말이야"라고 했다는 거야! 역시 석유왕이야!

나라면 원래 이야기를 곧이곧대로 이야기하지 않고 이처럼 한층 더 재미있게 꾸밀 것이다. 피해 보는 사람도 없는데 웃길 수만 있다면 무슨 상관이랴.

다만 같은 만화여도 《원피스》(《주간 소년 점프》에서 20년 넘게 연재 중으로 해적왕이 꿈인 소년의 이야기—옮긴이)류는 참고하기 어렵다. 왜냐하면 인간은 원피스 주인공처럼 팔이 늘어나지 않기 때문이다. 《원피스》를 좋아하지 않는 사람에게는 이야기해봐야 알아듣지도 못한다.

이야기를 웃기게 꾸며서
'먹히는 이야깃거리'를 비축해두자!

◆ 유행하는 아이템으로 '계기'를 만들자. 아이템은 많으면 많을수록 좋다.

◆ 엉뚱함은 상대방의 마음을 연다. 핀잔을 두려워 말고 엉뚱함의 매력을 발산하자!

◆ '일단 날씨 이야기부터'는 NO! 만날 때 아이스크림을 건네는 건 어떨까?

◆ 최신 정보나 주가는 반드시 체크! 작은 준비가 좋은 인상으로 이어진다.

◆ 본론에 앞서 괜한 질문을 하지 말자! 동의를 구하는 '~가 아닌가요?'는 삼가자.

◆ 서론은 상대방의 상상력을 자극하는 기술이다. 본론을 말하기 전에 기대감을 품게 하자!

◆ 자기소개 시 실적 자랑은 과거 1년 이내로. 과거의 영광보다는 최신 정보를 이야기하자.

◆ 의외의 말을 던져보자! 서프라이즈를 준비하자! 상대방을 즐겁게 하고 나도 즐길 수 있는 '분위기'를 만들자!

◆ 상대방은 '당신'이 어떤 사람인지가 궁금하다. 맥주 판매원은 회사에 대해 이야기하지 않는다!

◆ TV나 인터넷 정보보다는 실제 듣고 본 이야기가 최고! 평소에 위화감이나 의문을 갖고 이야깃거리를 찾자.

◆ 사전 조사로 상대방이 좋아하는 게 뭔지 알아두자.

◆ 이야기를 웃기게 꾸며서 '먹히는 이야깃거리'를 비축해두자!

3장

똑똑해 보이는
사람이 말하는 법

똑똑해 보이는 사람은
사람이 많더라도
일대일로 대화한다.

VS

멍청해 보이는 사람은
무리해서
다수와 대화한다.

일대일로 대화하는 사람
여러 명과 대화하려는 사람

앞서 말했던 일본의 국민 개그맨 아카시야 산마는 단독으로 방송하는 법이 거의 없다.

출연자 수가 가장 적었던 프로그램이 〈산마노만마〉와 같은 대담 프로그램이다. 〈사랑의 헛소동〉이나 〈춤추는! 산마 저택!!〉은 게스트가 대거 등장하는 토크쇼이고 혼자 진행하는 라디오 방송에도 다수의 게스트가 출연한다.

다만 산마는 철저하게 일대일로 대화한다.

일대일로 대화하면 어떤 장점이 있을까?
일대일 대화는 상대방과 약속을 맺는(관계가 깊어지는) 효과가 있다. 그래서 어디서 누구와 어떤 이야기를 하고 논의했는지가 명확하다.

다수 속에서 일대일로 이야기하는 방법은 그다지 어렵지 않다. 산마는 질문할 때 "A 씨, 어땠어요?"라고 반드시 이름을 붙여서 발언을 요청하고 A 씨 이외에는 말할 기회를 주지 않는다. 그리고 몇 분 동안 A 씨하고만 이야기하고 다른 사람은 듣도록 한다. 주제가 유익하다면 "B 씨는 어떻게 생각해요?"라고 역시 지목해서 이야기를 이어간다. 이런 식으로 일대일 대화를 유지한다.

나도 회의 등에서 일대일 대화법을 자주 활용한다. 클라이언트와의 회의에서 아이디어를 제안할 때는 결정권자를 보고 이야기한다. 특별한 기술이 있는 게 아니다. 대화 중에 "○○ 씨" "○○ 부장님" 등으로 호칭을 넣기만 하면 된다. 이렇게 하면 많은 참석자 속에서 일대일 관계를 형성할 수 있다. 그 자리에서 가장 높은 사람과 대화하는 것이니 다른 사람은 당연히 귀를 기울인다.

결정권자가 긍정적인 반응을 보이면 현장 관리자나 실무자와 일대일로 구체적인 이야기를 이어간다.

이런 식으로 회의를 진행하면 아이디어 수준의 제안도 빨리 진척시킬 수 있고, "상사에게 확인해야 해서요"라는 컨펌 과정을 거칠 필요가 없어서 시간을 크게 줄일 수 있다. 즉, 의사 결정이나 공유가 그 자리에서 자연스럽게 이뤄져서 신속하게 일을 처리할 수 있다.

무엇보다 일대일로 대화를 주도해가면 그 자리에 있는 다른 사람들은 '저 친구, 일 잘하는구나'라는 인상을 받는다. 이야기하는 사람 역시 아무도 듣지 않는 것 같은 기분이 들지 않아 좋다.

고이즈미 신지로, 이케가미 아키라의 기술을 배워라!

많은 사람 속에서 일대일로 이야기할 수 있다면, 사실상 1대 다수도 문제없다는 의미다.

일본의 젊은 정치인 고이즈미 신지로의 강연 테크닉을 예로 들어보자. 그는 여론조사에서 당 내 선호도 1위의 의원이다. 나는 그가 어떤 매력이 있길래 대중을 사로잡는지 알고 싶어서 강연회장을 찾았다.

강연회장에는 그의 인기를 실감할 수 있을 만큼 많은 사람이 모였다. 그는 강연을 시작하기에 앞서 가까이에 있는 몇 사람과 잡담 같은 세상 돌아가는 이야기를 하고 있었다.

"아이고, 어머니. 오늘 더운데 와주셔서 고마워요" "어디서 오셨어요?" "의자를 더 많이 준비 못 해서 죄송해요. 괜찮으시겠어요?" 등등 중년 여성층에게 인기가 많아서인지 대화를 나누는 지지자들은 감격한 모습이었다. 고이즈미는 이런 식으로 강연에 앞서 네댓 명과 대화를 나눴다.

같은 장소에 있던 많은 청중은 그 대화에 귀를 기울였고, 신기하게도 강연회장은 훈훈한 분위기가 넘쳐 편안해지는 것이 아닌가?

이런 장면을 TV 카메라가 놓칠 리 없다. 지지자의 손을 잡고 상냥하게 이야기하는 고이즈미 신지로. 이런 흐뭇한 광경은 주위 사람뿐만 아니라 집에서 TV로 보는 사람의 마음도 사로잡을 수 있다.

저널리스트 이케가미 아키라도 같은 테크닉을 갖고 있다.

이케가미는 오랫동안 NHK에 출연하면서 신뢰도를 쌓은 인물이다. 이 사람은 누구와 이야기하든 반드시 이름을 붙인다.

"○○ 씨, 저는 이렇게 생각하는데 어때요?"

"×× 씨, 앙케이트는 이런 결과가 나왔는데 어떻게 생각해요?"

이런 대화법은 Q&A를 명확하게 함과 동시에 실력자, 권력자에게는 당당하게 대하는 모습을, 연예인이나 일반인에게는 진지한 모습을 보여주는 효과가 있다.

또 하나 덧붙이면 이케가미의 "저는 이렇게 생각하는데……"
의 뜻은, 실은 자신의 생각이라기보다는 시청자 입장에서 이야
기하는 것이다. 그가 질문할 때는 반드시 시청자 눈높이에 맞춘
다. 이런 모습이 시청자를 대변하는 모습으로 비춰지는 것이다.

사실 먼저 말하는 사람
의견부터 말하는 사람

당신이 레스토랑 주인이라면 가게 입구에 어떤 메뉴판을 놓고
싶은가?

Ⓐ 킹크랩과 새우가 듬뿍 들어간 시푸드카레 세트 : 5만 원
Ⓑ 킹크랩 시푸드카레 세트 : 5만 원

A와 B는 재료가 동일하다. 고객의 식욕을 자극하는 메뉴는
무엇일까?

나라면 A를 선택한다. A와 B의 차이는 주어와 술어 관계의
명확성이다. B는 메뉴에 대한 설명을 생략했기 때문에 식욕을
불러일으키지도 못하고 5만 원이라는 가격이 적당한지의 판단
도 서지 않는다.

단순한 메뉴명에 지나지 않느냐고 반문하는 사람도 있겠지만, 이는 상대방의 질문에 어떤 답변을 하느냐에 관한 문제이기도 하다.

5만 원이나 지불할 가치가 있을 만큼 맛있는지를 묻는데 B처럼 판단하기 어려운 답변을 하면, 아무리 가게의 시그니처 메뉴고 가격 이상의 가치가 있어도 주문하고 싶은 마음이 생기지 않는다.

'사실'을 듣고 싶어 하는가? 아니면 '의견'을 듣고 싶어 하는가?

이와 유사한 상황이 회의실에서 일어난다면 다음과 같은 사례를 들 수 있다.

> **상사**   A 대리, 일전에 ××사에 제안한 프로젝트는 어떻게 됐어?
>
> **A 대리**   그거요? 저 나름대로 열심히 프레젠테이션 했어요……. 담당인 ○○ 씨 반응은 좋았는데…….

상사가 듣고 싶은 말은 ××사의 정식 답변이 'OK인지 NO인지, 혹은 아직 검토 중인지'와 같은 '사실' 관계다.

그런데 A 대리는 자신의 '의견'을 대답했다. 상대방에게 자신의 실수를 감추려는 의도인지, 노력을 어필하고 싶은 것인지,

아니면 갑작스러운 질문에 당황한 것인지는 모르겠지만 질문에 대한 답변이 잘못되었다. 이렇다면 상사가 화를 내도 어쩔 수 없다.

따라서 상대방이 사실이 듣고 싶은지 의견이 듣고 싶은지, 순간적으로 파악하는 능력이 중요하다.

누가 "저 가게 카레는 맛있어?"라고 묻는다면 "난 매웠어"라든지 "가격에 비해 괜찮았어"와 같이 당신의 의견을 말하면 된다. 맛에는 정답이 없으니까 의견을 내는 것이다.

반면에 ××사에 들어간 제안이 잘됐는지 어떤지는 사실을 말해야 한다. 덧붙여서 향후 전망이나 예측을 의견으로 추가하면 더할 나위 없다.

"그게 말이죠. 그쪽 과장이 제 프레젠테이션을 상당히 진지하게 들었어요. 근데 결정권이 없는지, 아니면 미루는 건지 모르겠어요. 경기가 나빠서 여러 가지 고민을 하고 있는 것 같아요."

이런 답변은 의견만 있고 사실이 하나도 없다. 이런 어처구니없는 상황에 빠지지 않도록 상대방이 뭘 원하는지부터 파악하자.

상대방이 원하는 게
'사실'인지 '의견'인지 파악하자.

똑똑해 보이는 사람은
이야기의 출처가 명확하다.

VS

멍청해 보이는 사람은
억측을 이야기한다.

이야기의 출처가 명확한 사람

억측을 이야기하는 사람

앞의 예에서 보았듯이 자기 멋대로 추측해서 말하는 사람도 있다.

> **상사**   A 대리, X사의 Y 부장이 언제 결론을 알려줄 수 있는
> 지 말했어?
>
> **A 대리**   그건…… 아직 힘들지 않을까요? 이번 주까지는 힘
> 들지 싶어요.
>
> **상사**   A 대리 의견을 묻는 게 아니잖아! 언제 알려줄 수 있
> 는지 확인 안 했어?

만약 Y 부장이 언제까지 결론을 알려줄지 아무런 언급이 없
었다면, 단순히 "아니요, 아무 말씀 없었습니다. 확인해볼게요"
라고 답하면 된다.

무슨 생각으로 그렇게 대답했는지 모르겠지만, 마치 자신이 확인하지 않은 것을 추궁당할 것이 두려워 자기 멋대로 Y 부장을 대변하는 것처럼 들린다.

A 대리의 의견은 아무래도 담당자니까 Y 부장과 가장 밀접한 관계라서 일리는 있을 것이다. 다만 그의 대답에는 아무런 사실관계가 드러나 있지 않다. 요컨대 정보전달 방식이 잘못되었다.

사실, 전문, 추측을 구분하자

먼저 사실을 말했다면, "그래? Y 부장이 확답을 주지 않았어? 그럼 자네 생각은 어때?"와 같이 대화가 자연스럽게 이어졌을 것이다. 지금 타이밍에 의견을 말했다면 아무런 문제도 없었다. 지금의 질문은 사실이 아니라 의견을 듣고 싶다는 뜻이기 때문이다.

의견은 남에게 들은 전문을 추측하여 말하는 경우와 자기 스스로 추측해서 말하는 경우로 나눌 수 있다. 사실과 전문, 추측을 구분해서 출처를 명확히 하면 상대방도 화내거나 불쾌하게 생각하지 않는다.

"Y 부장에게서는 아직 아무 이야기가 없습니다(← 사실). Y 부장의 부하 직원에 따르면 최근에 Y 부장이 무척 바빠서 바로 답변하기 어려워 보인다고 해요(← 전문). 적어도 다음 주까지는 걸릴 듯싶습니다(← 추측)."

이렇게 말하면 어디까지가 사실이고 전문이며 추측인지 명확해서 핀잔 들을 일이 없다.

우리는 평소에 수많은 정보를 듣고 추측하고 상상한다. 이때 출처가 명확하지 않으면 내용이 혼란해진다.

"○○백화점은 최근에 실적을 회복한 듯해요!"라는 말에 "맞아요. 나도 쇼핑하러 자주 가니까 말이죠"라는 답변은 주관적인 의견일 뿐 의미 있는 데이터는 아니다.

유능한 사람은 신문에서 찾았다거나 결산 자료를 봤다는 등 데이터의 출처가 어디인지 명확히 제시한다. 이런 식의 대화법이 말하는 이의 신뢰성과 객관적인 분석력을 어필할 수 있다. 주관적인 추측이나 감상은 사실을 제시한 후에 부가적으로 덧붙이는 수준이 적당하다.

출처를 명확히 하면
이야기가 헷갈리지 않고 신뢰도도 높아진다!

법칙
26

똑똑해 보이는 사람은
'기승전결'을 중시한다.

VS

멍청해 보이는 사람은
갑자기 '전'부터 이야기한다.

기승전결을 중시하는 사람

단계를 무시하고 이야기하는 사람

옛날 옛적에 어느 마을에 노부부가 살고 있었어요. 할아버지는 산으로 나무하러 갔고 할머니는 냇가로 빨래하러 나갔답니다. 할머니가 냇가에서 빨래를 하고 있는데 커다란 복숭아가 둥실둥실 떠내려왔어요!

일본의 전래동화 '모모타로 이야기'는 이렇게 시작하는데, 도입부가 매우 훌륭하다.

이 짧은 문장 안에 '기승전결'과 배경 설명이 모두 들어 있다. 엄밀히 말하면 맺는 내용인 '결'은 드러나 있지 않지만 '결'이 어떻게 될지 기대감을 품게 해준다.

때는 옛날, 장소는 어느 마을이다. 등장인물은 할아버지와 할머니이고 두 사람의 일상생활이 간단하게 그려져 있다('기' '승').

거기에 '커다란 복숭아'라는 있을 수 없는 사건('전')이 일어나
면서 이야기가 움직이기 시작한다.

만약 시작부터 할아버지와 할머니가 커다란 복숭아를 발견한
것으로 돼 있다면 이렇게 오랫동안 구전되지 못했을 것이다.

에피소드인 두 개의 서프라이즈, 즉 커다란 복숭아가 떠내려
온 일과 복숭아에서 아기가 나온다는 설정은 처음부터 듣기에
는 급작스럽다. 이렇게 설명해버리면 "냇가에 복숭아가 떠내려
온다는 게 말이 돼?"라는 핀잔만 들을 게 뻔하다.

어떤 부분부터 이야기하는 게 좋을까?

재미없게 이야기하는 사람은 처음부터 "커다란 복숭아가 떠내
려왔어요!"라고 들이미는 타입이다.

'기'가 있고 '승'이 있어야 비로소 방향을 전환하는 부분인
'전'이 돋보인다. '전'이 아무리 임팩트가 있고 재미있더라도 절
대 '기'와 '승'을 소홀히 해서는 안 된다. 그렇지 않으면 재미가
없다.

한 지인이 내게 "길에서 옛 친구를 우연히 만났는데, 게이가
되어 있지 뭐야!"라고 흥분해서 말했다. 본인은 많이 놀랐겠지
만 듣는 입장에서는 아무런 감흥이 없었다. 내게 지인의 옛 친구
는 그저 모르는 사람일 뿐이라서 "음…… 그래?"라는 반응밖에
보일 수 없었다. 게이에 대한 특별한 감정이 없기 때문이다.

그런데 잘 들어보니 정말 재미있는 이야기였다. 옛날에는 스포츠 만능에 체격도 건장해서 남자다웠고 공부도 곧잘 해서 종합상사에 다니고 있다고 했다. 정장을 잘 차려입고 시내 중심가로 출근하는 옛 친구가 갑자기 부드러운 말투로 아는 체하며 커밍아웃까지 하니 놀라지 않고 배길 수 있겠는가?

이렇게 재미있는 이야기도 아무런 기본 정보나 배경 설명이 없으면 전혀 흥미롭지 않다. '전'과 '결'의 임팩트는 '기'와 '승'에 달린 셈이다.

key point

'기'와 '승'을 빼고 '전'과 '결'을 말해서는 안 된다.
어떤 타이밍에 '커다란 복숭이'가 띠니려왔는지 기억하자!

법칙
27

똑똑해 보이는 사람은
자기가 어떻게 이야기하는지
객관적으로 연구한다.

VS

멍청해 보이는 사람은
자기가 어떻게 비춰지는지
관심이 없다.

자기 이야기를 객관적으로 연구하는 사람
자신이 어떻게 보이는지 관심이 없는 사람

이야기하는 방식을 개선하려면 자기 이야기가 어떻게 들리는지 객관적으로 검증해볼 필요가 있는데, 자신의 이야기를 녹음해서 들어보는 방법이 효과적이다.

나도 한때는 프레젠테이션을 녹음해서 듣고는 했다. 시작할 때 시시한 날씨 이야기를 하고 듣는 이에 지나치게 신경 쓰느라 실수를 범했지만 전혀 느끼지 못하고, 프레젠테이션에만 열중하는 모습이 그대로 드러났다.

녹음을 몇 차례 반복해서 들어보니 내가 어떻게 이야기하는지 객관적으로 파악할 수 있었다. 말하자면 방송 출연자와 연출가의 입장을 동시에 느낀 것이다. 예를 들어 "지금 이야기는 전부 편집해" "그 이야기는 좀 더 키워보자" "서두르지 말고 천천히 말해" 등처럼 고쳐야 할 점이 확연히 보였다.

질문 의도를 파악하지 못하고 엉뚱한 답을 하는 경우에도 대화나 회의를 녹음해서 들어보면 잘 알 수 있다. 또한 '등장인물'의 캐릭터도 선명하게 드러난다. 요컨대 'A 과장은 돈 문제에만 반응' 'B 대리는 일정을 최우선' 'C 씨는 유행에 민감' 'D 씨는 보수적이고 신중' 등과 같은 정보를 파악할 수 있어 요긴하다.

대화를 녹음하는 게 영 탐탁지 않다고 생각하는 사람도 있지만 악용할 의도는 없으니 괜찮지 않을까? 게다가 요즘에는 녹음기를 준비할 필요도 없이 스마트폰으로 녹음할 수 있어 간편하니 시도해보자. 자신의 이야기를 듣는다는 게 다소 부끄러울 수 있지만 의외로 효과가 크다. 속는 셈 치고 한번 해보자.

'음 소거' 버튼으로 학습

말을 잘하는 사람의 예로 아카시야 산마와 이케가미 아키라를 소개했는데 그들의 화술을 연구한 결과를 이 자리에서 공개하겠다.

실은 내가 산마에 대해서 이러쿵저러쿵 이야기하는 것도 연구했기 때문이다. 어떤 프로듀서는 산마에게 반해서 어떻게 하면 그렇게 유려하게 진행을 잘하는지 궁금해서 그가 출연한 방송을 모조리 녹화해서 계속 돌려봤다고 한다.

산마가 어떻게 이야기를 이어가는지, 이어간 이야기를 어떻게 정리하는지, 이때 게스트의 반응은 어떤지 등을 분석하려면 한쪽의 목소리를 삭제해서 보면 된다.

다시 말해, 산마가 말할 때만 음 소거를 하거나 상대방의 목소리만 음 소거 해서 녹화 영상을 보는 것이다. 리모콘의 음 소거 버튼을 눌러놓고 무슨 말을 했는지 상상하거나 무슨 말을 했길래 상대가 저런 반응을 보이는지 추측해본다.

그리고 산마가 실제로 말한 것을 확인해보면 그가 얼마나 대단한지 알 수 있다. 이 방법을 활용하면 산마의 화술을 익힐 수 있다.

평소에 말을 잘해서 배우고 싶은 사람이 TV에 나온다면 이 방법을 한번 시도해볼 만하다.

스마트폰으로 녹음하거나 TV 방송을 녹화해서
회술 연습을 할 수 있다!

법칙
28

똑똑해 보이는 사람은
시간 배분을 고려해서
이야기한다.

VS

멍청해 보이는 사람은
생각 없이 이야기를
늘어놓는다.

시간 배분을 인식하며 이야기하는 사람

생각 없이 이야기를 늘어놓는 사람

일반적으로 비즈니스에서는 먼저 약속을 잡고 미팅을 갖는다.
이때는 대개 시간이 정해져 있다.

그래서 시간이 부족하거나, 반대로 남아서 불안할 때가 있다.
가볍게 세상 돌아가는 이야기부터 시작한 건 좋았는데 어디서
끊고 본론으로 들어가야 할지 타이밍을 잡지 못하는 경우도 흔
하다. 즉, 시간 배분에 실패한 것이다.

나는 회의나 미팅을 할 때 '4분할의 법칙'에 따라 시간을 배
분한다.

미팅이나 회의는 대개 한 시간이다. 그래서 15분씩 네 개 파
트로 끊는다. 한 시간짜리 방송에 15분에 한 번씩 광고를 넣는
다는 감각이다. 명확한 시간표가 필요하지는 않다. 머리로 의식
해서 적당히 구분하면 된다.

그럼 이 네 가지 파트를 어떻게 사용하면 될까? 그 방법을 알아보자.

처음 15분은 상대방에게 호감을 주는 시간

초면뿐만이 아니라 여러 차례 만나서 충분히 잘 알고 있는 사람일지라도 시작은 항상 '자신의 매력을 어필'하는 시간이어야 한다.

상대 회사나 만날 사람을 사전에 조사하는 법, 소소한 선물로 서프라이즈를 연출하는 법, 이야기를 재미있게 꾸미는 법, 자신을 소개하는 법 등등 지금까지 많은 테크닉을 소개했는데, 모두 최초 15분 동안 소화해야 하는 것들이다.

특히 최초 15분은 자신이 어떤 사람인지 매력을 어필해서 '괜찮은 사람이구나'라고 생각하게끔 만들어야 하는 중요한 시간이다.

만약 당신이 자동차 딜러나 보험 영업자, 야구장 맥주 판매원이라면 고객이 누구든 크게 상관이 없다. '이 사람에게 살까?'라는 생각이 들도록 만드는 게 중요하다. 즉, '재미있는 사람'이 되어야 한다.

재미있는 사람으로 각인되고 나면 '저 사람을 응원하고 싶어'로 발전하고, 마지막에는 '무슨 일이 생기면 저 사람과 상담해야지'로 이어진다.

자동차 딜러가 뜬금없이 회사 이념을 늘어놔봐야 고객은 '그게 나랑 무슨 관계야?'라고 생각할 게 뻔하다. 보험 영업자가 회사 이념을 주절거리면 고객은 "보험 같은 건 필요 없어요"라고 단번에 거절한다.

반면 고객이 인간적인 호감을 느꼈다면, "보험회사로 옮겼다면서요? 얼굴 보러 한번 오세요. 실적이 안 좋으면 제가 가입하거나 몇 명 소개해드릴게요"라는 식으로 이어질 수도 있다. 이런 전개를 바란다면 지루한 회사 이야기는 그만하는 게 좋다.

그럼 두번째 15분은 어떻게 활용해야 할까? 다음 법칙에서 살펴보자.

한 시간인 미팅 시간을 네 개로 분할한다.
처음에는 자신의 매력을 어필하자.

똑똑해 보이는 사람은
**조건과 가격을
동시에 제시한다.**

VS

멍청해 보이는 사람은
**마지막까지 가격 제시를
주저한다.**

조건과 가격을 동시에 제시하는 사람
마지막까지 가격을 함구하는 사람

최초 15분 동안 자신의 매력을 어필했다면 두번째 15분은 바로 결론을 말하고 본론에 들어간다. 세상 돌아가는 이야기로 분위기를 부드럽게 한 후에 지체 없이 공격 태세로 전환하는 것이다.

"오늘 만나뵙기를 청한 건 다름 아니라, 한 가지 기획안을 제안하려고요. 예산은 3천만 원 정도 예상하고 있습니다."

위와 같이 곧바로 '핵심'을 던진다. 이때의 핵심은 두 가지인데 바로 제안 내용과 가격이다.

이 두 가지는 가능한 한 간단하고 명확하게, 두번째 15분을 시작할 때 말한다.

갑자기 돈 이야기부터 꺼내는 건 성급하다고 생각할지도 모르겠다. 하지만 내 생각은 정반대다. 이 사례는 구체적인 '기획안'을 설명하기 전에 대가가 3천만 원 정도임을 밝혔다. 그런데 클라이언트의 예산은 1천만 원뿐이라면 어떻게 될까?

"그 정도라면 내년에 예산을 확충해서 해야 할 듯합니다"라며 현시점에서는 불가능하다고 바로 거절할지도 모른다.

금액을 먼저 제시하는 이유는 쓸데없이 이야기가 길어지는 낭비를 막기 위함도 있다.

곧바로 가격을 제시하는 건 상대방에 대한 실례인가?
규모가 큰 역의 매점을 예로 들어보자.

고객 취향을 고려해서 다양한 종류의 도시락을 팔고 있어 무엇을 골라야 할지 망설이게 된다. 하지만 많은 손님이 짧은 시간 내에 도시락을 선택한다.

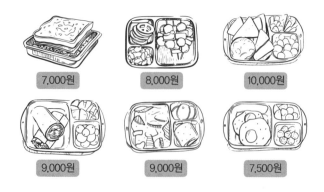

7,000원   8,000원   10,000원

9,000원   9,000원   7,500원

어떻게 바로 도시락을 선택할 수 있는 걸까? 바로 도시락의 샘플과 가격을 제시하여 비교·검토할 수 있도록 일목요연하게 디스플레이 해놨기 때문이다.

정식 도시락은 햄버그와 다양한 반찬이 들어가서 1만 원, 피자 토스트 도시락은 샐러드와 반찬 몇 가지가 들어가서 7천 원, 각각의 내용물과 가격을 알 수 있기 때문에 본인이 원하는 도시락을 선택할 수 있다.

그런데 샘플만 있고 가격이 없다면 어떨까? 고르기 쉽지 않을 것이다. 아무래도 가격이 붙어 있어야 비교하여 검토할 수 있다.

기획 제안도 마찬가지다. 금액을 모르면 아무리 훌륭하더라도 검토할 수 없다.

이런 의미로 두번째 15분은 제안 내용과 가격을 중심으로 이야기를 진행하자.

key point

두번째 15분에 바로 본론을 말하자.
제안 내용과 가격을 제시하자.

법칙
30

똑똑해 보이는 사람은
기획서의 메인부터 설명한다.

VS

멍청해 보이는 사람은
1쪽부터 설명한다.

기획안의 중요한 부분부터 말하는 사람

기획안의 첫 장부터 말하는 사람

앞서 첫 15분이 지나고 두번째 15분에서 본론을 이야기하는 게 좋다고 했는데, 바로 이때 준비한 제안서를 가방에서 꺼낸다.

처음부터 자료를 책상 위에 올려두면, 상대방은 시작부터 자료에 신경 쓰므로 분위기를 부드럽게 하는 데 방해가 된다. 제안서는 본론을 이야기하는 두번째 15분에 보여주는 것이 좋다.

제안서에는 '기획안, 제목/○○○○○○○, 개요/별도 설명, 가격/3천만 원'이라고만 쓸 수 없다. 상대방이 회사로 돌아가서 제안 내용을 상사에게 잘 설명할 수 있도록 기초 데이터나 시장 현황 등이 포함되어 있으면 좋다.

여담이지만 경륜이 쌓이면 이런 제안서조차 필요 없다.

모 유명 각본가의 일일드라마 기획서(누구나 알 법한 인기 드라마)는 겨우 종이 한 장에 타이틀, 각본가 및 연출가 성명, 주요 출연진이 쓰여 있을 뿐이었다고 한다.

유명 방송인인 테리 이토의 〈천재 다케시의 힘이 나는 TV!!〉
의 기획서를 본 적이 있는데, 겨우 2~3페이지에 제목과 출연진,
그리고 '지친 세상을 방송의 힘으로 활력을 주자!'라는 기획 취
지만 적혀 있었다.

기획서는 3페이지부터 설명하자

기획서는 미팅 자리에 없던 사람이 나중에 봐도 대략 알 수 있
도록 기획 취지나 내용, 데이터 등을 상세히 다루고 최종적으로
가격과 조건을 기입하는 것이 매너다.

하지만 미팅 현장에서까지 처음부터 죄다 설명할 필요가 있
을까? 이렇게 하면 상대방은 금세 지겨워서 이야기를 듣는 둥
마는 둥 한다.

대개 기획 취지는 첫 페이지에 '리먼 쇼크 이후 고전을 면치
못하던 일본 경제가 아베노믹스 이후 부활 국면으로 돌아서면
서……'와 같은 식인데, 이는 장식에 불과하다.

나라면 두번째 15분을 시작할 때 본론을 말한 다음 곧바로
다음과 같이 이야기할 것이다.

"앞부분은 넘어가고, 3페이지부터 살펴보겠습니다."

이렇게 하면 상대방도 의도를 알아차리고 오케이라고 할 것이다.

상대방도 나처럼 경력이 풍부하다면 비슷한 기획서를 충분히 많이 봐왔고 숱하게 만들어왔을 것이다. 처음에 적혀 있는 기획 취지는 형식에 지나지 않으며 대부분 의미가 없다는 걸 안다.

그렇다면 조금이라도 빨리 본론으로 들어가는 편이 필요한 이야기를 할 시간이 많아져 좋다. 이런 회의 진행이 스마트해 보인다.

마케팅 데이터 등 중간의 근거 자료 페이지는 뛰어넘기도 한다. 상대방이 같은 업계 사람이라면 충분히 알 만한 이야기들이다. 하지만 제안서에는 기입해둘 필요가 있으므로 "물론 잘 아시겠죠?"라며 가볍게 훑고 다음으로 넘어가는 게 좋다. 이는 '당신의 실력을 인정합니다'라는 경의의 표현이기도 하다.

key point

기획서에는 형식적인 문구가 많다.
구두로 설명할 때는 대담하게 생략하고 본론으로 들어가자!

4분할의 법칙

약속 시간 한 시간을 네 개로 분할한다.
한 시간짜리 방송 중간에 네 개의 광고가 삽입된다고 생각하자.

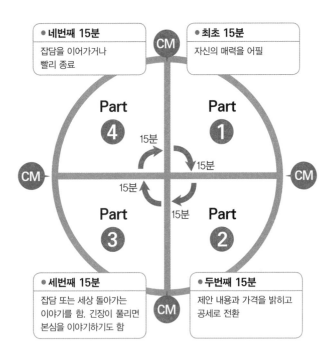

● **네번째 15분**
잡담을 이어가거나
빨리 종료

● **최초 15분**
자신의 매력을 어필

Part ④

Part ①

15분

15분

CM

CM

15분

15분

Part ③

Part ②

● **세번째 15분**
잡담 또는 세상 돌아가는
이야기를 함. 긴장이 풀리면
본심을 이야기하기도 함

● **두번째 15분**
제안 내용과 가격을 밝히고
공세로 전환

4분할의 법칙 연습

자신의 약속 시간을 한 시간으로 잡고 이야기를 분할해보자.

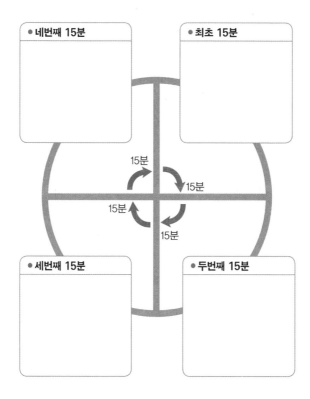

법칙
31

똑똑해 보이는 사람은
미팅이 일찍 끝나면
'잘했다'고 생각한다.

VS

멍청해 보이는 사람은
미팅이 일찍 끝나면
불안해한다.

미팅이 빨리 끝나면 좋아하는 사람
미팅이 빨리 끝나면 불안해하는 사람

그럼 나머지 30분인 세번째와 네번째 15분은 어떻게 쓰면 될까? 두번째 15분 동안 설명을 마치고 나면 세번째 15분부터는 잡담이나 세상 돌아가는 이야기를 하면 된다. 미팅이 빨리 끝나더라도 상관없다.

만약 두번째 15분 동안 제안 관련 이야기를 마무리 짓지 못했거나 상대방이 좀 더 듣고 싶어 한다면 이후 시간을 활용해서 이야기를 마무리 짓자. 다만 나라면 천천히 차라도 마시면서 긴장감을 늦추는 데 많은 시간을 할애할 것이다.

일본에서는 흔히 한 시간짜리 TV 방송에 광고가 네 번 들어가는데 왜 그럴까? 두 번이든 다섯 번이든 그다지 상관없지 않을까?

15분마다 광고를 넣는 이유는 15분이 지나면 시청자의 집중

력이 떨어지기 때문이다.

본론이 끝나도 상대방이 머뭇거리며 자리에서 일어날 기미가 없다면, "오늘은 이 정도 설명할게요. 감사합니다. 근데 요즘도 골프장에 자주 가세요?"처럼 세상 돌아가는 이야기를 하자.

두번째 15분 동안은 적극적인 자세로 이야기를 했다면 세번째 15분은 긴장을 풀고 의자 등받이에 기대어 말한다는 느낌으로 이야기를 풀어나가는 게 좋다.

이렇게 하면 분위기도 한결 부드러워져 "노로 씨, 아까 3백만 엔이라고 하셨는데, 몇 가지 조건을 뺄 테니 2백만 엔 선에 맞춰줄 수 있을까요?"라며 본심을 슬쩍 보이는 경우도 있다. 또는 다른 제안을 해오거나 '내부 정보'를 흘려주기도 한다.

유능한 비즈니스맨은 주저하지 않고 자리를 뜬다

세번째 15분 동안 충분히 잡담을 했는데도 아직 시간이 남았다면 "좀 이르지만 오늘은 이만 끝내겠습니다"라는 느낌으로 정리하자.

극단적으로 말하면, 처음부터 이야기가 잘 풀려 5분 만에 한바탕 웃고 두번째 15분 동안 본론을 설명했다면, 한 시간짜리 약속이 20분에 끝나는 셈이다. 무리해서 한 시간을 꽉 채우기보다는 빨리 마치는 게 유익하다. 시간이 남는 걸 불안해할 필요는 없다.

한 시간 예정인 미팅을 20분 만에 끝내면 상대방에게 여유로운 40분을 선물하는 셈이다.

상대방의 수입을 시간당으로 계산했을 때 40분이 얼마의 금전적 가치가 있는지 생각해보자. 게다가 여러 명이 참석하는 미팅이라면 상당한 비용이다. 이런 비용을 쓰지 않고 자신도 40분의 여유가 생기는 것이므로 모두가 만족할 수 있다.

여유 시간을 활용해서 거리를 다니며 이야깃거리를 찾을 수도 있다.

사람을 웃게 만들고 스마트하게 업무 이야기를 하며 머뭇거리지 않고 자리를 뜨는, 이런 비즈니스맨이야 말로 매력적이다.

반대로 본론이 다 끝나고 잡담으로 약속 시간을 초과해버리는 경우는 주의해야 한다.

상대방이 즐거워한다고 해서 계속 시간을 허비해서는 안 된다. 약속 시간이 초과될 듯하면 반드시 "시간이 벌써 이렇게 됐네요. 괜찮으시겠어요?"라며 상대방의 의사를 물어보도록 하자.

key point

빨리 끝났다면 상대방의 상황을 봐가며 잡담해도 된다.
다만 무리하게 시간을 끌어서는 안 된다!

회의할 때 노트북을 쓰는 사람

회의할 때 태블릿을 켜는 사람

후지텔레비전 〈기적 체험! 언빌리버블〉의 방송 기획회의를 할 때 내 별명은 '노로 엔진'이다.

회의할 때 나는 주로 분위기를 밝게 만들면서 입장이 서로 다른 회의 참석자의 의견을 조정하고 정리하는 역할을 한다.

그런데 최근에 새로운 역할을 추가하려고 준비한 게 있는데, 바로 특별할 게 없는 흔한 노트북이다.

회의를 하다 보면 다음과 같은 이야기가 자주 나온다. 주로 프로듀서가 자주 한다.

"근데 요즘 스마트폰 보급률이 얼마나 될까요?"

"왜 그…… 미국 가수 있잖아. ○○○○ 뮤직비디오에서 봤던 거. 그 뭐냐 브이…… 그런 식으로 잘 뽑을 수 없을까요?"

아직은 무슨 말인지, 무슨 의도인지 모르겠지만 어떤 아이디어가 탄생하는 순간이다.

존재감을 발휘하려면?

이 시점이 바로 '노로 엔진'이 나설 차례다. 노트북으로 '스마트폰 보급률'을 찾아내고 유튜브에서 해당 아티스트명을 검색한다. 그리고 10초 정도 살펴보고 이렇게 말한다.

"○월 ××의 조사에 따르면 일본의 스마트폰 보급률은 49.7퍼센트네요."

"아, 그 뮤직비디오요? 저쪽 TV와 연결해서 재생해볼게요."

이처럼 단순히 남들의 질문을 검색해서 알려줄 뿐인데 "역시, 노로 엔진은 빨라!"라며 칭찬받을 수 있고 회의도 원활해진다. 인터넷이 가능한 노트북을 준비하는 것만으로 새로운 역할을 부여받는 데 성공한 것이다.

지금은 회의 진행 상황을 짐작해서 데이터를 미리 찾아보기도 한다. "역시 노로 엔진!"이라는 말 한마디로 회의가 열기를 띠고 깊이가 더해진다.

회의할 때 노트북을 준비하면 다른 급한 업무를 살짝 보거나 간단한 메일 전송 등을 할 수 있는 이점도 있다.

반면에 태블릿은 문서 작성이 불편하고 화면이 주위에 노출되어 있다. 또 스마트폰은 회의 시간에 만지작거리면 아무래도 일에 집중하지 않고 딴짓하고 있는 것처럼 보이는 단점이 있다.

만약 당신이 회의에 참석하는데 존재감이 없어 고민이라면, 검색엔진을 자처하는 것만으로도 회의의 보석과 같은 존재가 될 수 있다.

이렇게 평소에 검색이나 조사를 생활화하다 보면 지식이 향상되는 덤도 생긴다. 그리고 주위 사람들은 이런 당신에게 더욱더 의존할 것이다.

여담이지만 방송업계에는 조사가 전문인 직종도 있는데, 어쩌면 나는 이들에게 미움받고 있을지도 모르겠다.

'자신이 회의에 참석하는 이유'는 무엇인가?
존재감을 발휘하고 싶다면 노트북으로 검색하자!

◆ 다수와 마주했을 때도 항상 일대일로 대화하자. 한 사람과 능숙하게 대화할 수 있다면 다수와도 잘할 수 있다.

◆ 상대방이 원하는 게 '사실'인지 '의견'인지 파악하자.

◆ 출처를 명확히 하면 이야기가 헷갈리지 않고 신뢰도도 높아진다!

◆ '기'와 '승'을 빼고 '전'과 '결'을 말해서는 안 된다. 어떤 타이밍에 '커다란 복숭아'가 떠내려왔는지 기억하자!

◆ 스마트폰으로 녹음하거나 TV 방송을 녹화해서 화술 연습을 할 수 있다!

◆ 한 시간인 미팅 시간을 네 개로 분할한다. 처음에는 자신의 매력을 어필하자.

◆ 두번째 15분에서 바로 본론을 말하자. 제안 내용과 가격을 제시하자.

◆ 기획서에는 형식적인 문구가 많다. 구두로 설명할 때는 대담하게 생략하고 본론으로 들어가자!

◆ 빨리 끝났다면 상대방의 상황을 봐가며 잡담해도 된다. 다만 무리하게 시간을 끌어서는 안 된다!

◆ '자신이 회의에 참석하는 이유'는 무엇인가? 존재감을 발휘하고 싶다면 노트북으로 검색하자!

4장

**왠지 편안한 사람이
말하는 법**

법칙
33

왠지 편안한 사람은
상대방이 아는 체하게 만든다.

VS

왠지 거북한 사람은
자신이 아는 체한다.

상대가 아는 체할 수 있게 해주는 사람

자신이 먼저 아는 체하는 사람

'아는 체'라고 하면 부정적인 반응을 보이는 사람이 많다. 자기만족을 위해 지식을 일방적으로 내뱉는 이를 만나면 솔직히 듣는 입장에서 눈꼴사납다.

대개 '화술' 관련 책에서 '아는 체는 백해무익'이라고 한다.

하지만 나는 반드시 그렇지만은 않다는 입장이다.

먼저 아는 체하면 기본적으로 기분이 좋다.

그리고 아는 체하고 싶은 사람은 말하는 당사자뿐만이 아니다. 듣는 사람도 기회가 되면 아는 체해서 남들의 주목을 받고 싶다.

아는 체를 요령 있게 잘 활용하면 대화를 보다 더 풍성하게 가꿀 수 있다.

'아는 체'를 활용해서 대화를 윤택하게 하려면 반드시 지켜야 할 대원칙이 있는데, 상대방이 먼저 아는 체하도록 분위기를 조성하는 것이다. 상대가 고객이거나 연장자라면 말할 나위 없이 우선권을 주자. 예를 들어 와인을 앞에 두고 "부장님, 이 와인 아세요? 이건 말이죠……"와 같은 대화는 금물이다.

상대방이 기분 좋게 '아는 체'하도록 만드는 비법
그럼 어떻게 하면 먼저 '아는 체'하도록 만들 수 있을까? 방법은 간단하다.

누구나 '아는 체'하고 싶은 분야가 있기 마련이니 옆에서 '지금이 찬스예요!'라는 뉘앙스로 말할 기회를 주면 된다.

예를 들어 접대 자리에서 와인이나 요리를 고를 때 상대방에게 부탁해본다.

지식이 있다면 흔쾌히 응할 것이고, 그렇지 않으면 사양할 테니 가볍게 넘기면 된다.

상대방이 고르겠다고 하면 반드시 그 이유가 있을 테니 질문하면 된다. "왜 이걸 고르신 거죠?"라며 아무렇지 않게 '아는 체'할 기회를 넌지시 던지면 기분 좋게 이야기해줄 것이다.

상대가 이야기하게끔 만드는 것이 목적이므로 해당 지식이 자신보다 낮더라도 이야기를 끊지 말고 잠자코 들어야 한다. 아는 이야기라도 처음 듣는 듯한 표정으로 감탄하며 듣는 것이 매너다.

"아하! 그렇군요!" 이런 식으로 말이다.

첫 '아는 체'를 계기로 이야기가 다양한 아는 체로 이어지고 급기야는 상대방이 아는 체만 하다가 접대 자리가 끝났다면 그거야말로 대성공이다.

반대로 자신이 아는 체할 때는 "잘 알지는 못해도……" "최근에 알게 된 이야기인데요……"라며 겸손을 나타내어 다시 상대방이 아는 체할 수 있도록 유도하면 자리의 분위기가 한층 더 좋아진다.

key point

누구나 '아는 체'하고 싶어 한다.
상대방이 이야기하도록 만들자.

법칙
34

왠지 편안한 사람은
결론을 말하지 않는다.

VS

왠지 거북한 사람은
쓸데없이 결론짓는다.

결론을 섣불리 말하지 않는 사람

불필요한 결론을 빨리 내리는 사람

왠지 거북한 사람들이 이야기하는 걸 들어보면 대화에는 반드시 결론이 있어야 한다고 착각하는 경우가 많아서 결론을 내지 못하면 매우 답답해한다.

하지만 나는 대화에 결론이 없어도 전혀 개의치 않는다. 상대방이 원하지 않으면 일부러 결론을 말하지 않기도 한다.

상대방이 회사나 이성 문제로 심각한 고민에 빠졌다고 치자. 고민을 상담해 왔다고 해서 반드시 결론을 원하는 건 아니다. 그저 맞장구쳐주고 잠자코 이야기를 들어만 줘도 충분하다.

상대방이 "어떻게 하면 좋을까요?"라고 물어야 비로소 내 생각이나 결론을 이야기한다.

고민을 듣고 난 후에 설령 내가 100퍼센트 해결책이 있다고 해도 상대가 원하지 않으면 절대 말하지 않는다.

상대가 뭘 원하는지 생각해봤는가?

군이 이런 규칙을 정해서 지키는 이유는 대화 상대가 무엇을 원하는지는 상대방 자신만 알고 있기 때문이다.

이미 결론은 내렸고 찬성해주기를 바라고 있을지도 모른다. 혹은 결론 낼 수 없다는 걸 알면서도 이야기를 진지하게 들어줄 대상이 필요해서 상담을 요청했을 수도 있다.

즉, 들어만 주는 걸로 충분해서 "아이고, 이야기했더니 속이 다 시원하네요. 내일부터 다시 힘낼게요!"라고 할지도 모른다.

상대방이 대화를 통해서 무엇을 원하는지 정확히 파악해야 한다는 것이 내가 생각하는 대화의 본질이다.

바라는 바가 '이야기를 들어주는 것'이라면 결론은 아무짝에도 쓸모없다. 딱 떨어지는 해결책이 있다고 해도 말을 아껴야 한다.

컨설턴트 업무를 볼 때도 기본적으로 변함없다. 클라이언트가 결론을 원하면 내 생각을 말하고, 반대 의견이나 부정적인 요소를 듣고 싶다고 하면 위험 요소나 문제점을 지적한다.

그러나 아무리 사장이 고민에 빠져 힘들어해도 내가 결론을 말하는 것을 원하지 않으면 절대 말하지 않는다. 불필요한 간섭일뿐더러 나는 일개 컨설턴트에 지나지 않아서 회사가 실패해도 책임지지 않는다.

컨설턴트의 임무는 결론을 제시하는 것이 아니라 사장이나 클라이언트의 선택을 지원하는 일이다.

그런 의미에서 결과가 실패로 끝나도 진정한 경영자라면 결코 컨설턴트에게 책임을 묻지 않는다.

대화에 결론은 필수가 아니다.
무엇을 원하는지는 상대방이 결정한다.

싹싹하게 말하는 사람
효율적으로만 말하는 사람

아는 게 많아서 거들먹거리는 사람이 있는가 하면 상대방이 하는 이야기에 "아는 이야기야!"라며 말을 끊는 사람도 있다.

이런 사람은 이야기의 결론이 예상되면 더 이상 듣는 게 비효율적이라고 생각한다.

하지만 결론을 알아도 잠자코 있어야 할 상황도 있다. 예를 들어 컴퓨터나 태블릿 사용법을 알려주는 상황을 가정해보자. 알고 있는 사람에게는 너무나 당연한 조작법이지만 초보자에게는 하나부터 열까지 설명해줘야 한다.

그렇다고 매번 "그것도 몰라요?"라며 편잔을 주거나, "그런 거라면 이미 다 알고 있어요"라며 대화를 차단해야만 할까?

효율적으로 보자면 말을 끊는 게 맞겠지만 듣는 사람 입장에서는 깔보는 듯한 말 때문에 상처받는다. 그리고 두 번 다시 그 사람과는 대화하고 싶지 않을 것이다.

나라면 "이거 어쩌다가 알게 된 건데 이렇게 하면 돼요"라고 설명하겠다. '우연히 알았다' '어쩌다 알게 됐다' 등의 말을 먼저 하면 절대로 깔보는 듯한 느낌을 주지 않아 상대방도 아니꼽게 생각하지 않는다. 이런 태도가 상냥함이며 겸손함이다.

만약 '아는 이야기'라면?

다음은 실제 경험담이다.

모 자동차 회사의 프로젝트에 관여하고 있어서 최신 자동차 개발 정보나 업계 사정을 많이 알게 되었다.

어떤 모임에서 다른 자동차 회사 직원이 내 클라이언트가 추진하고 있는 큰 프로젝트 이야기를 꺼냈다.

그 사람은 "당신은 모르겠지만……"이라며 이야기를 시작해서 나는 마지막까지 모른 척하며 아는 정보도 처음 듣는 것처럼 반응을 보였다. 그리고 마지막에는 "아, 그렇군요. 전혀 몰랐어요. 많이 도움됐어요"라고 인사도 했다.

'노로 씨는 배알도 없구나'라고 생각하는 사람이 있을지도 모르겠다. 하지만 "그거요? 나도 아는 이야기예요. 그 회사와 ○○ 사의 공동 기획이죠? 실은 저도 관여하고 있어요"라고 말했다면 어떻게 됐을까? 그 사람과의 대화는 그대로 끝나고 상대방은 기분을 잡쳤을 것이다. 자존심에 상처를 입었을 테니 말이다.

상대는 단순히 자랑하고 싶었는지도 모른다. 어쩌면 신나게 이야기하면서 정보를 흘려줬을 수도 있다. 이런 사람에게 민망함을 주면서까지 대화의 효율을 추구할 필요는 없다.

아는 이야기라도 상대방의 기분을 고려해서 웃어 보이거나 놀란 얼굴로 결론이 나오기까지 기다려주는 정도의 여유도 필요하다. 이는 대화의 테크닉임과 동시에 사람에 대한 상냥함의 문제기도 하다.

key point
상대방이 기분 좋게 이야기하게 하려면 모른 척해야 한다! 대화는 효율성보다는 상냥함이 중요하다.

법칙
36

왠지 편안한 사람은
밸런타인데이 당일에
답례를 한다.

VS

왠지 거북한 사람은
화이트데이를 깜박한다.

선물을 받으면 답례하는 사람
자기 차례가 오면 깜박하는 사람

2월 14일 밸런타인데이가 다가오면 매년 고민에 빠진다. 다름 아니라 나이를 먹어도 '인기남'이고 싶기 때문이다.

그래서 최근에는 준비해놓는 게 있다.

바로 14일에 만나는 여성의 수를 체크해서 그만큼의 에르메스 포스트잇을 구입해둔다.

"노로 씨, 안녕하세요. 이거 발렌타인데이 초콜릿이에요!"

"우아, 감사합니다! 이건 답례입니다."

"네!? 이거 에르메스 포스트잇이잖아요? 멋져요!"

"화이트데이 전에 죽으면 곤란하니까, 오늘 드리는 거예요."

이 여성은 주위의 부러움을 샀고 "나도 노로 씨 줄 초콜릿 준비할 걸 그랬네!"라는 소리가 여기저기서 들렸다.

보통은 밸런타인데이 때 초콜릿을 받으면 다음 달 화이트데이 때 답례를 한다. 근데 화이트데이 때 만나지 못하면 어떻게 할까? 나도 예전에는 의리를 저버릴 수 없으니 일부러 미팅을 화이트데이로 잡거나 택배로 보내야 했다. 수고스러운 데다가 돈도 많이 들고 무엇보다 상대방의 기뻐하는 모습을 볼 수 없어서 아쉬웠다.

이런 이유로 당일 답례하는 게 좋겠다는 생각을 한 것이다. 물론 상대방은 설마 바로 답례를 받을지는 상상도 못 했으므로 놀란다. 동시에 상대방에게 좋은 인상을 줄 수 있다.

선물 '시간차 공격'은 상대방을 두 번 감사하게 만든다

나는 항상 펜을 가지고 다닌다. 파카 볼펜도 아니고 만년필도 아닌데 필기감이 마음에 쏙 드는 제품이다.

누가 펜 좀 빌려달라고 하면 이 펜을 준다.

"어? 노로 씨 이거 정말 잘 써지네요!"

"그쵸? 많으니까 하나 드릴게요."

"그래도 돼요? 그럼 하나만 주세요. 고마워요."

상대방은 괜찮은 제품을 소개해준 나를 좋게 생각할 것이다.

필기감이 정말로 뛰어난 펜이라서 펜의 잉크가 떨어질 때까지 사용한 상대방은 같은 제품을 사기 위해 문구점에 가거나 인터넷에 검색해서 찾아볼 것이다. 그리고 처음으로 가격이 10만 원이라는 사실을 알게 된다. 그렇다. 10만 원이나 되는 것이다.

이 사실을 알고 펜을 받은 후 시간이 많이 흘렀지만 나에 대한 인상은 더 깊어졌을 것이다. '이렇게 비싼 거였다고? 근데 노로 씨는 어째서 태연하게 10만 원짜리 펜을 준 거지? 뭔가 보답해야겠군'이라고 생각해주면 더할 나위 없다. 이런 사소한 교류가 큰 결실을 맺을 수 있다.

선물도 서프라이즈 이벤트도 아낌없이 하자!

레스토랑 등 음식점 단골이 되면 접대나 모임 때 다소 무리한 요구를 해도 너그럽게 봐주어서 큰 도움이 된다. 나는 그런 단골 가게에도 평소 잘 대해주는 답례로 서프라이즈 선물을 보낸다.

케이크나 고급 햄 세트를 사가지고 가거나 시골집에서 보내준 옥수수를 나눠 먹기도 한다. 음식점이 이렇게 고객에게 선물을 받는 경우는 잘 없으므로 놀라면서도 기뻐한다. 그러면 보다 더 친밀도가 높아져서 가끔 하는 어느 정도 무리한 부탁도 들어주는 것이다.

예를 들어 중요한 회식 자리가 있는데 상대방이 시간을 잘못 알고 30분이나 빨리 도착해서 혼자서 기다리고 있는 상황이라면 단골 가게 주인은 바로 내게 연락해준다. 이럴 때 나는 손님이 심심하지 않도록 간단한 먹거리를 준비해달라고 전화로 부탁할 수 있다. 그러면 손님은 내가 오기 전부터 배려를 받고 있다는 생각에 감동하게 된다.

말주변이 없는 사람일수록 선물을 활용한 서프라이즈가 효과적이다. 이야기를 재미있게 하지는 못해도 자신을 긍정적으로 어필할 수 있는 선물 공세는 생각할 수 있다. 이벤트나 생일을 체크해놓고 서프라이즈 이벤트를 계획해보자. 저절로 대화가 즐거워지고 상대와의 거리도 가까워져서 속마음을 말할 수 있는 사이로 발전할 수 있다. 한 가지 팁을 주자면 상사의 생일

에는 실물 선물을 부하의 생일에는 기프티콘 같은 무형의 쿠폰을 주는 것이 효과적이다.

상대방의 의표를 찌르고 놀라게 하는 일도 엄밀히 말하면 뭔가를 계속 주는 일이기도 하다.

일로 알게 된 사람의 근황을 묻고 감기로 앓아누웠다는 말에 감기약을 사서 보내거나 우연히 약속 시간 직전 상대방의 생일임을 알고 편의점에서 작은 케이크라도 준비하는 등의 서프라

이즈 이벤트를 계속하다 보면 당신은 상대방에게 없어서는 안 될 존재가 되어 있을 것이다.

말주변이 없는 사람일수록
신물이나 서프라이즈 이벤드를 연밀하자!

'어쩌다 보니' 이야기가 흘러나온 사람

'비밀이야'라고 이야기를 시작하는 사람

나는 말할 때 상대방과의 관계를 더 좋게 하려고 '마법의 키워드'를 사용한다.

이미 앞서 몇 가지 소개한 바 있는데, 여기서는 목적별로 정리해보겠다. 같은 말이라도 다음과 같이 말을 꺼내면 자연스럽게 좋은 인상을 받을 수 있다.

★ 상대방의 마음을 여는 '마법의 키워드'

"솔직히 말해서요⋯⋯."

"상담하고 싶은 게 있는데요⋯⋯."

상대방의 마음을 열려면 먼저 자신의 마음을 열어야 한다.

일상 대화 속에서는 물론이고 중요한 미팅 자리 등에서도 쓸 수 있다.

"솔직히 말해서, 오늘은 전부 다 말씀드릴 작정입니다. 부
장과 독대하게 해주세요."

그런데 비슷한 표현 같지만 절대 사용해서는 안 되는 말이 있
다. "이건 비밀인데요" "여기서만 하는 말인데요" 등이다.

재대로 된 비즈니스맨이라면 "여기서만 하는 말인데 A 사와
는 이런 일을 하고 있는데요……"와 같은 이야기를 하는 사람
의 말을 믿어서는 안 된다. 다른 회사에 가서도 "여기서만 하는
말인데요……"라며 떠벌리고 다닐 게 뻔하기 때문이다.

★ 의견을 말할 때 문턱을 낮추는 '마법의 키워드'

"잘은 모르겠지만……."
"아직 결론은 모르겠지만……."
"지금 막 생각났는데요……."
"정리된 아이디어는 아닌데요……."

나는 그 자리에서 떠오른 아이디어를 적극적으로 말하는 편
인데, 이 경우에는 아무래도 관련 정보가 부족해서 확정적으로
말하지는 않는다.

　사전 조사가 충분하지 않아 자신이 없거나 능력이 뛰어난 사람이 많아서 위축될 때 이런 식으로 전제하고 말하면 분위기를 해치지 않고 자연스럽게 말할 수 있다. 그리고 괜한 이야기로 분위기를 망쳤다고 생각되면 곧장 물러설 수 있어 말할 때 부담감도 줄여준다.

　★ 자신의 의견이 아닌 일반론임을 강조하는 '마법의 키워드'
　"흔히 ○○하잖아요."

　의견을 말할 때 반발이 있겠다고 싶으면 주어를 감추고 일반론임을 강조해서 말하면 마찰을 줄일 수 있다. 그렇다. 산마가 자주 쓰는 테크닉이다.

★ 반발을 사지 않도록 반론하는 '마법의 키워드'

"분명 그렇긴 한데요, 저는……."

"말씀하시는 게 최선이긴 한데요……."

'그렇긴 한데요'는 부정의 뉘앙스를 줄이는 키워드다. 마찬가지 효과가 있는 '역시!' '말씀하신 대로네요' 등도 있다.

설령 속으로는 반대하더라도 발끈해서 곧장 반론하면 서로 마음이 상할 뿐이다. 이런 '마법의 키워드'를 쓰면 정반대의 의견이라도 의외로 쉽게 받아준다.

★ 미움 사지 않고 상처 주지 않도록 아는 지식을 말하는 '마법의 키워드'

"어쩌다가 알게 됐는데요……."

"우연히 들었는데요……."

"최근에 안 사실인데요……."

"지인 중에 잘 아는 친구가 있는데요……."

지식을 말하거나 아는 체할 때는 자신을 높여 말하지 않도록 주의한다.

남들이 모르는 지식을 말하는 것은 "여러분은 잘 모르시죠?"

라며 잘난 척하는 것처럼 보일 수 있다.

그래서 '우연' '어쩌다가'라는 키워드를 섞으면 그 지식을 모르더라도 별로 문제 없다는 분위기를 만들 수 있다.

말할 때 남들이 기분 상하지 않게
'미법의 키워드'를 활용하지!

자신이 잘 아는 곳에서 만나자는 사람

유명하다는 곳에서 만나자는 사람

말주변이 없는 사람은 접대도 부담스럽다.

접대는 미팅이나 회의에 비해 함께하는 시간이 길어서 이야
기를 충분히 준비해야 한다. 하지만 괜찮다. 자신의 마음을 전
하는 데 초점을 두면 된다.

접대는 소프트웨어와 하드웨어가 공존한다. 소프트웨어는 상
대방을 치켜세우는 이야기나 깜짝 이벤트 등이고 하드웨어는
접대 장소나 음식 등이다.

유능함을 어필하는 첫걸음은 접대 장소나 음식 선택인데, 장
소는 반드시 익숙한 곳으로 선정하자.

만약 당신이 접대에 능숙해지고 싶다면 일단은 음식점을 많
이 알아야 한다.

지금이라면 괜찮은 음식점을 인터넷 등을 통해 쉽게 찾아볼

수 있다. 마음에 드는 음식점은 실제로 방문해보고 모조리 섭렵
해두자.

반드시 비싼 곳일 필요는 없다. 오히려 쉽게 접근 가능한 곳
의 맛집이 접대받는 쪽에서도 쓸모가 있어 기쁘다.

분위기나 음식이 마음이 드는 곳을 찾았다면 자주 드나들어
단골이 되자.

다음으로 가게에서 일하는 사람과 친해지자. 식재료나 요리
지식을 배울 수 있음은 물론이고, 개인적으로 친해지면 여러모
로 좋은 점이 많다. 사적인 연말 모임이나 데이트, 가족 모임 등
으로 자주 방문하다 보면 다소 무리한 부탁도 할 수 있는 관계
가 된다.

이런 가게를 한식, 양식, 중식, 일식 등 장르별로 준비해두면
더할 나위 없다. 접대 건이 생기면 상대방의 취향을 묻고, 가게
에 "이번 접대는 정말 중요해요. 잘 부탁해요!"라고 해두면 빈
틈없다.

고급 음식점을 선택하면 접대에 실패한다?!

그런데 이런 방법이 먹히지 않을 때도 있다. 예를 들어 접대할
상대방의 지역이나 음식이 특정되는 경우다.

처음 가는 가게라면 최소한 점심시간에라도 미리 가봐서 위
치나 전체적인 분위기, 화장실의 위치 등을 확인해두자. 그리고

직접 가게 직원과 상담해서 예약한다.

시간적 여유가 없다면 유명 호텔의 레스토랑을 선택하자. 크게 돋보이지는 않지만 크게 실패할 일도 없다.

접대가 익숙하지 않은 사람은 고급 음식점이나 유명 맛집을 선택하는 실수를 저지른다. 아무리 유명하고 잘 알려진 맛집이라도 한 번도 직접 가보지 않고 예약해서는 안 된다.

그런 가게에서 접대하면, 예를 들어 '클라이언트가 길을 잃어 전화를 걸어도 위치를 상세히 설명해줄 수 없었다' '테이블석인 줄 알았는데 실제로는 신발을 벗고 들어가야 해서 구멍 난 양말을 신은 클라이언트가 불편해했다'와 같은 실패담으로 이어지기 십상이다.

접대 상대가 뭔가 원하는 게 있어도, 고급 음식점 입장에서는 뜨내기 고객에 지나지 않으므로 쉽게 들어주지 않는다. 아무리 맛집이고 고급 음식점이라도 이래서는 접대가 아니다.

key point

접대할 때는 익숙한 곳이 좋다.
평소에 음식점을 개척해서 주인과 친해지자!

법칙
39

왠지 편안한 사람은
긴장 없는 접대로
감동을 준다.

VS

왠지 거북한 사람은
독특한 접대로
기분을 상하게 만든다.

편안한 방식으로 접대하는 사람
자신의 기호로 접대하는 사람

접대 장소와 음식 종류를 정했다면 그다음은 상대방에 대한 배려다.

상대가 여성이면 특별한 요청이 없는 한 테이블석으로 예약하고 사전에 알려줘서 안심하게 한다.

여성에게 좌식은 여러모로 신경 써야 할 점이 많다. 아무래도 벗기 힘든 부츠를 신지 않아야 하고 스타킹도 올이 나가지 않았는지 등을 주의해야 한다.

메뉴는 기본적으로 코스로 하는 게 좋다. 접대하는 쪽이 장소를 정했다면 철칙이라고 생각하자.

또한 접대란, 받는 쪽은 그 자리의 식사를 일임한 것과 마찬가지이니 일일이 "뭐로 드시겠어요?"라고 묻지 않는 게 좋다. 먹지 않는 음식이 있을 수 있으므로 사전에 확인해서 음식점과

상의한 후에 준비한 음식이라면 자신을 갖고 접대하면 된다.

접대받는 사람이 비흡연자라면 담배 냄새는 매우 불쾌할 수밖에 없다. 절대 흡연석은 삼가자. 무엇보다 담배 냄새가 옷에 배면 집에 돌아가서 "접대받고 왔더니 담배 냄새가 옷에 다 배었잖아!"라는 부정적인 인상이 남는다. 접대로 유쾌했던 기분이 한순간에 나빠질 수 있으니 주의하자.

모두에게 감동을 주는 최고의 접대

개인적으로 궁극의 접대는 집으로 초대하는 것이라고 생각한다. 마당에서 바비큐라도 하고 싶은 심정이다. 하지만 동양에는 이런 문화가 없을뿐더러 무엇보다 공간의 제약이 많아 쉽지 않다.

접대 장소를 선택할 때는 집 초대를 대신한다고 생각하면 크게 실패할 일이 없다.

매우 특이한 장소라든가 원하지도 않았는데 독특한 음식을 준비하는 것은 적어도 1차 자리에서는 삼가자. 독특한 음식이란 구체적으로 달팽이 요리나 말 사시미 등을 들 수 있다. 이 음식들이 나쁘다는 게 아니라 일반적이지 않다는 의미다.

만약 내가 접대받는 입장이라면 음식 맛은 두번째 문제다. 상대방을 고려해서 가장 편한 곳에서 가장 맛있는 음식을 대접하면 다소 입맛에 맞지 않더라도 받는 입장에서는 기쁠 것이다.

한번은 아주 인상적인 경험을 한 적이 있었다. 창업한 지 얼마 안 된 IT 벤처기업이었는데 시내의 주택을 빌려 사무실로 사용하고 있었다. 여기는 금전적으로 풍부한 회사가 아니라서 한 가지 아이디어를 냈는데, 연간 한 번씩 여름에 거래처를 초대해 회사에서 파티를 열어 접대했다.

직원들이 직접 나가시소멘기(소면을 흐르는 물에 넣어 건져 먹을 수 있게 만든 장치 – 옮긴이)를 제작했고 맥주도 도매점에서 사서 저렴하게 준비했다. 다 함께 불꽃놀이도 했다.

큰돈을 들이지는 않았지만 접대를 하는 쪽도 받는 쪽도 정말로 즐거웠다. "이런 자리를 마련해줘서 고마워요" "내년에도 불러주세요" "사업도 잘 풀리길 빌어요"라며 끝나는 내내 훈훈한 분위기가 연출되었다. 여기서 나는 접대의 본질이 무엇인지 깨달았다.

key point

접대의 본질은 배려심.
만족도는 비용에 비례하지 않는다!

◆ 누구나 '아는 체'하고 싶어 한다. 상대방이 이야기하도록 만들자.

◆ 대화에 결론은 필수가 아니다. 무엇을 원하는지는 상대방이 결정한다.

◆ 상대방이 기분 좋게 이야기하게 하려면 모른 척해야 한다! 대화는 효율성보다 상냥함이 중요하다.

◆ 말주변이 없는 사람일수록 선물이나 서프라이즈 이벤트를 이어가자!

◆ 말할 때 남들이 기분 상하지 않게 '마법의 키워드'를 활용하자!

◆ 접대할 때는 익숙한 곳이 좋다. 평소에 음식점을 개척해서 주인과 친해지자!

◆ 접대의 본질은 배려심. 만족도는 비용에 비례하지 않는다!

5장

왠지 화를 낼 수 없는
사람이 말하는 법

법칙
40

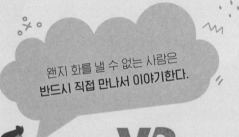

왠지 화를 낼 수 없는 사람은
반드시 직접 만나서 이야기한다.

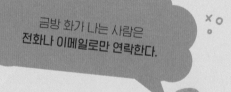

금방 화가 나는 사람은
전화나 이메일로만 연락한다.

직접 만나서 이야기하는 사람

전화나 이메일만 하는 사람

나는 기본적으로 직접 만나서 이야기하는 걸 선호한다. 가능한 한 작은 선물을 준비해서 상대방의 얼굴을 보고 웃음을 선사하는 게 훨씬 즐거울 뿐만 아니라 업무 내용도 더 정확히 전달할 수 있다. 또한 상대방의 마음을 직접 헤아릴 수 있고 표정이나 행동을 보고 말이나 글로 읽어낼 수 없는 섬세한 뉘앙스를 포착할 수 있다.

이런 이유로 모든 용무를 직접 만나서 처리하고 싶지만 아무래도 시간적인 제약 때문에 이메일이나 전화를 쓸 수밖에 없다.

그럴 때는 반드시 "전화상이라 정말로 죄송합니다만……"이라고 양해를 구하고 이야기를 시작한다.

물론 트러블이 발생하거나 상대에게 용서를 구할 일이 생기면 아무리 바빠도 시간을 내서 직접 만나 해결한다.

말주변이 없는 사람은 용서를 구할 일이 생기면 가능한 한 만나지 않고 전화나 이메일로 일단 사과하고 끝내려는 경향이 있다.

하지만 전화나 이메일로 하는 사과가 오히려 더 용서받기 어렵다. 대개는 불난 곳에 기름 붓는 형태가 되는 경우가 많다. 나라면 무서워서라도 그렇게 못 한다.

유괴범도 실은 직접 만나서 이야기하고 싶다?

아이를 유괴한 유괴범과 아이 부모의 관계를 생각해보면 전화나 이메일 교섭이 얼마나 힘든지 알 수 있다.

"아이 목숨이 아깝거든 지금 당장 3억 원을 준비해! 경찰에는 알리지 말고. 알렸다간 살려두지 않을 거야!"

뚝! 뚜뚜뚜…….

범죄 드라마에서 흔히 볼 수 있는 내용이다.

그런데 이런 상황이라면 범인도 부모도 직접 만나서 해결하고 싶을 것이다. 유괴범은 아이를 살해할 의도는 없고 돈이 목적이다. 부모는 아이의 목숨이 돈보다 소중하지만 3억 원은 거금이다.

그렇다면 서로 얼굴을 마주하고 "솔직히 얼마 줄 수 있어요?"라고 터놓고 이야기하는 편이 이야기를 빨리 마무리 지을 수 있지 않을까?

유괴범	돈이 목적이니 안심하세요. 그런데 3억은 어려우실 까요?
부모	3억 원이나요?
유괴범	왜? 아이 목숨이 아깝지 않아?
부모	솔직히 우리 형편에 3억 원은 좀⋯⋯ 사흘 주시면 1억 원 준비해볼게요.
유괴범	음⋯⋯ 그럼 그럽시다. 사흘 후에 아이와 교환하죠.

이런 대화는 서로 표정이나 몸짓, 타이밍, 말씨 등의 정보를 현장에서 바로 알아낼 수 있기 때문에 가능하다. 하지만 범죄이기 때문에 교섭은 전화로밖에 할 수 없다.

우리는 다행히 범죄를 저지르는 것이 아니니 직접 교섭해도 체포될 일은 없다. 그렇다면 가능한 한 말의 뉘앙스를 충분히 파악할 수 있게 직접 만나서 해결하는 게 좋지 않을까? 나라면 자신이 없을수록 직접 만나서 이야기하는 방법을 택하겠다.

전화나 이메일은 대체 수단일 뿐이다.
어려운 이야기일수록 직접 만나서 해결하자.

법칙
41

왠지 화를 낼 수 없는 사람은
지각도 웃음으로 승화시킨다.

VS

왠지 화가 나는 사람은
그저 사과만 해서 미움을 산다.

지각도 웃음으로 승화시키는 사람

그저 사과만 하고 미움받는 사람

열심히 노력해도 실패가 따를 때도 있지만 실패를 실패인 채로 마무리 지어서는 안 된다.

무슨 말인가 하면, 당신의 실패담은 타인의 웃음을 유발하는 이야깃거리가 될 수 있기 때문이다. 누구에게나 남의 실패담은 재미있다. 나는 실패담을 일부러 드러내서 이야기의 소재로 활용한다.

태풍이 와서 비닐우산이 찢겨나가 우산살만 남았다. 물론 옷도 흠뻑 젖었다. 이런 모습으로, 게다가 뼈대만 남은 우산을 한 손에 들고 약속 자리에 나타나면 웃지 않고 배길 사람이 있을까? 찢어진 우산은 그대로 버리면 단순히 쓰레기에 지나지 않지만 이 순간만큼은 나의 실패담을 웃음으로 승화시켜주는 기특한 소도구가 된다.

상대방은 내 모습을 보고 깜짝 놀란다. 불쌍히 여기기 전에 한심한 표정으로 뼈대만 남은 비닐우산을 들고 서 있는 날 보면 웃음이 터져 나올 것이다. 그리고 티슈나 손수건을 준비해준다.

이런 상황은 서로에게 오랫동안 잊을 수 없는 에피소드로 남지 결코 나쁜 기억으로 남지 않는다. 바람이 강하거나 태풍이 오는 날을 위한 아이템으로 뼈대만 남은 우산을 하나쯤 구비해두고 싶을 정도다. 이전에는 넘어져서 망가진 안경을 그대로 쓴 채 나타나서 모두 한바탕 떠들썩하게 웃었던 적도 있다.

지각을 웃음으로 승화시키는 법

늦잠이나 지각은 아무래도 심각한 실패담으로 이어지기 십상이다. 한번은 아침 정보방송에서 구성작가로 일할 때 늦잠을 자서 호되게 당한 적이 있다.

방송국에는 새벽 3시 20분까지 출근해야 했는데 3시 30분에 프로듀서에게 전화받을 때까지 침대 속에 있었다. 자기 전에 요일을 완전히 착각해서 벌어진 해프닝이었다.

"노로 씨, 지금 일어났어요?"라는 프로듀서의 첫마디. 당시 나는 방송 전에 원고를 체크하고 수정하는 일을 담당했기 때문에 당장 택시를 타고 달려가도 지각할 수밖에 없었다. 걱정이 태산이었다.

아무리 빌어도 늦잠으로 펑크 낸 걸 막을 수는 없었다. 그래서 나는 오히려 여유로운 말투로 이렇게 말했다.

"○○ 씨, 전화 오기를 얼마나 기다렸는지 몰라요……는 거짓말이고 죄송합니다! 바로 달려가겠습니다!"

그날 방송은 이미 펑크 냈지만 이렇게 예상 밖의 말을 던진 후 택시를 타고 달려갔다.

일단은 뭔가 재미를 줘야겠다고 생각했다. 물론 일어난 실수를 얼렁뚱땅 넘기려는 속셈은 아니었다. 생방송에서는 '출연자 및 스태프의 기분과 분위기'는 무엇보다 중요한데 나 때문에 현장이 경직됐을 테니 일단은 현장 분위기를 돌려놓자는 것이 의도였다.

그저 사과만 한다고 일이 해결되지는 않기 때문이다. 오히려 화를 돋워서 분위기가 더 험악해질 수도 있다.

어떻게 하면 분위기를 단번에 바꿀 수 있을까? 어떻게 하면 다 같이 크게 웃고 생방송을 시작할 수 있을까? 내가 할 수 있는 건 무엇일까?

줄곧 이것만 생각했다.

그래서 방송국 근처의 편의점에 들어가 두 손으로 들 수 있는 최대치의 과자를 닥치는 대로 샀다. 그리고 그대로 스태프 대기실로 직행했다.

"정말 죄송합니다!"라며 뛰어 들어오는 '지각범'을 본 동료들은 무슨 과자 괴물인 양 양손에 과자 봉지를 주렁주렁 들고 나타난 내 모습을 보고 어처구니없어했다. 여기저기서 "뭐야?"라는 말이 들려왔다.

지각한 탓에 가장 많이 피해를 본 아나운서를 향해 곧장 달려가 크게 용서를 빌었다.

"나 원 참! 노로 씨, 이런 거 사 올 시간이 있었으면 15분은 더 일찍 올 수 있었잖아요?!"

그녀는 이렇게 말했지만 표정은 웃고 있었다.

"이것만 아니면 30분은 더 빨리 왔을 거예요. 하지만 과자 좋아하잖아요?"

"치, 이걸 어떻게 다 먹어요!"

이렇게 다소 경직된 분위기를 풀고 나니 다른 스태프들도 다가와서 "지각한 노로 씨 덕분에 과자는 실컷 먹겠네요"라며 놀렸다. 어쨌든 이렇게 해서라도 분위기가 돌아와서 다행이었다. 실

수 후에 적대적인 분위기까지 돌면 감당하기 힘들기 때문이다.

단순한 사과는 누구든 할 수 있다. 정말로 미안하다면 잘못을 만회할 무언가를 찾아야 하지 않을까? 이런 게 바로 성의라고 생각한다. 성의를 보이면 실점 이상으로 득점을 올릴 수 있다. 오히려 실수를 계기로 자신이라는 사람의 인간성을 좋게 내보일 수 있는 기회가 되기도 하는 것이다.

key point

사과했다고 끝이 아니다!
실패를 만회할 서프라이즈를 준비하자.

법칙
42

왼지 화를 낼 수 없는 사람은
상대와의 '공통점'을 찾는다.

왼지 화가 나는 사람은
상대와의 '차이점'을 강조한다.

상대와 공통점을 찾는 사람
상대와 차이점을 찾는 사람

트러블은 공과 사를 구분하지 않는다. 살다 보면 다양한 이유 때문에 용서를 구해야 할 때가 있다.

사과하는 방법은 말하는 기술 중에서도 난이도가 높은 축인데 포인트는 '공통점' 찾기다.

초등학교 저학년 때의 일이다. 나고야 부근 신흥 주택지에서 친구들과 높은 곳에서 낮은 곳으로 돌멩이를 던지며 놀고 있었는데, 누군가가 잘못해서 남의 집 기와를 대여섯 장 깨트리고 말았다.

그 집 아저씨가 너무 노발대발해서 일단은 다들 집으로 돌아가 부모님과 상의 후에 사죄와 변상을 하기로 하고 다시 그 집으로 찾아갔다.

모두 함께 일렬로 서서 순서대로 아저씨에게 용서를 빌었다. 아저씨는 많이 화가 난 모습이었다.

내 차례가 되어 "죄송합니다" 하고 머리를 숙이자 어찌 된 영문인지 갑자기 아저씨의 화가 누그러지는 게 아닌가?

아저씨의 화가 누그러진 이유

당시 나고야 근교의 아이들은 판에 박은 듯 주니치 드래건스의 야구 모자를 쓰고 있었는데 야구에 별 관심이 없었던 우리 부모님은 아무 생각 없이 내게 요미우리 자이언츠의 검은 모자를 사주었다.

아저씨는 내 모자를 보면서 "넌 자이언츠 팬이구나? 너무 짓궂게는 놀지 마"라며 기분 좋게 용서해주었다. 그렇다. 아저씨는 자이언츠 팬이었던 것이다.

지금 돌이켜보면 아저씨는 주니치 팬뿐이었던 나고야에서 조금 쓸쓸했던 건 아닐까. 그래서 자이언트 모자를 쓴 꼬마를 보고는 기뻤을 것이다.

요컨대, 사람은 공통점을 발견하면 상황에 관계없이 상대에게 공감한다.

여기서 교훈은 만약 당신이 잘못해서 사죄해야 하는 상황이라면 먼저 '상대와의 공통점을 찾아보라'는 것이다.

취미, 좋아하는 야구팀, 영화, 음악, 반려동물, 생년월일 등.
지금은 페이스북이나 트위터, 블로그 등에서 상대방의 기호나
취미를 어렵지 않게 알아낼 수 있다. 미리 공통점을 찾아서 은
근슬쩍 흘리는 방법을 생각해보자.

사과 후에 직접 말로 해도 되고 공통점을 보일 수 있는 키홀
더 등 관련 물품을 슬쩍 보여주는 것도 좋은 방법이다.

공통점이 당신을 궁지에서 구해줄 무기가 될 것이다.

key point

사과의 포인트는 공통점 찾기.
절대 도망치지 말고 성실히 임하자.

법칙
43

미리 이야기하자는 말을 하는 사람
갑자기 심각한 이야기를 하는 사람

이번에는 꺼내기 어려운 이야기나 충고를 할 때 어떻게 말하면 좋은지에 대해 알아보자. 거절해야 하거나 주의를 줄 때, 부정적인 사실을 이야기해야 할 때 필요한 방법이다.

회사를 다니다 보면 구매 요청이나 상담, 제안 등을 거절해야 할 때도 있고, 지위가 올라가면 부하 직원의 태도를 바로잡거나 영업실적을 올리라고 재촉해야 할 때도 있다. 뿐만 아니라 단골 거래처에 대규모 단가 절감을 요구하거나 회사 명령으로 직원을 해고해야 하는 난감한 상황도 생긴다.

당신이 의사라면 환자에게 암이나 시한부 선고를 하기도 하고, 비행기 조종사라면 긴급 착륙 시에는 승객에게 경위를 설명해야 한다. 또 대통령이라면 국민이 납득하지 못하는 정부 시책을 설득하면서 밀고 나가야 할 때도 있다.

이런 상황은 누구나 피하고 싶어 한다. 하지만 맡은 일이니 피할 수도 없는 노릇이다. 그렇다면 힘든 교섭이나 큰일을 선고할 때 어떻게 말해야 할까? 이 방법을 숙지하면 큰 도움이 된다.

부정적인 이야기를 꺼낼 때는 다음의 두 가지 방법이 효과적이다.

1. 상대방에게 '예고'해서 내용을 상상하게 한다

부하 직원을 해고해야 하는 상황이다. 물론 회사 실적이 나쁘고 해당 직원의 실적도 형편없는 수준임을 당사자를 포함해서 모두가 알고 있다.

나라면 먼저 "앞으로 ○○ 씨에게 굉장히 유감스러운 이야기를 할 겁니다"라고 '예고'를 한다. 예고라고 해도 금세 바로 해고 이야기를 할 텐데 무슨 의미가 있냐고 반문하는 사람도 있겠지만, 상대방은 이 짧은 몇 초 동안 최악의 사태까지 상상한다.

일단 상상한 뒤라면 "……해고가 결정되었습니다"라는 선고를 들어도 어느 정도는 냉정하게 대처한다. 즉, 예고로 마음의 준비를 할 시간을 주는 것이다.

또 거래처에 단가 절감을 요구해야 한다면, 예의상 업체로 찾아가 이야기하는 게 도리인데 약속 시간을 잡을 때 전화로 "이번에는 단가에 대한 이야기를 좀 심각하게 해야 할 것 같아요"라고 미리 알릴 것이다. 이렇게 하면 상대는 지금이 최악의 상황임을 깨닫고 '최소한 거래 정지만은 막아야겠다' 등과 같은 긍정적인 사고로 전환할 여유가 생긴다.

2. 상대방과 '같은 편'임을 알린다

또 하나의 방법은 부정적인 일을 통지받는 입장에서 이야기하는 것이다.

"솔직히 말해서, ○○ 씨가 해고라니 나도 이해하기 어렵네요. 인사 팀에는 다시 생각해달라고 이야기는 했는데, 내가 막을 힘도 없고⋯⋯" 혹은 "이런 단가 조정 요구는 제가 생각해도 심해요! 거절하신다고 해도 충분히 이해됩니다. 저도 회사 쪽에 한 번 더 이야기해보겠습니다!" 등과 같이 말하면 분노나 충격이 다소 옅어져 오히려 미안해할지도 모른다.

key point

부정적인 이야기는 말하기 앞서 예고하자.
상대방 입장에서 이야기하면 충격을 줄일 수 있다.

◆ 전화나 이메일은 대체 수단일 뿐이다. 어려운 이야기일수록 직접 만나서 해결하자.

◆ 사과했다고 끝이 아니다! 실패를 만회할 서프라이즈를 준비하자.

◆ 사과의 포인트는 공통점 찾기. 절대 도망치지 말고 성실히 임하자.

◆ 부정적인 이야기는 말하기에 앞서 예고하자. 상대방 입장에서 이야기하면 충격을 줄일 수 있다.

6장

SNS가 재미있는
사람이 글 쓰는 법

이메일 제목에 신경 쓰는 사람
이메일 내용에 신경 쓰는 사람

메일이나 SNS에도 말하는 방법(쓰는 방법)이 존재한다. 목소리를 내느냐, 글로 쓰느냐의 차이다. 먼저 이메일부터 설명하면 다음과 같다.

이메일은 '제목이 전부'라고 해도 과언이 아니다. 왜냐하면 대부분의 이메일은 제목을 먼저 보여주는 구조로 되어 있기 때문이다.

제목이 재미있어야 읽을 마음도 생긴다. 아무리 중요한 내용이어도 제목이 매력적이지 않으면 아무래도 열어보는 걸 뒤로 미루게 된다.

나는 특히 미디어업계 종사자에게 이메일을 보낼 때는 제목에 많은 시간을 들여 신경 쓴다. 구체적으로는 다음과 같다.

노로 에이시로 〈메일 주소〉 [오늘 ○시까지] 귀사에게만 보내는 정보입니다.

노로 에이시로 〈메일 주소〉 [극비] ○월 ○일 ××신문사 게재 정보, 취재하지 않겠습니까?

언뜻 메일 매거진과 비슷해 보이지만 모두 내가 보내는 이메일 제목 스타일이다.

첫번째는 오늘 ○시까지는 다른 미디어에 알리지 않고 당신에게만 알려준다는 내용이다. 미디어업계는 단독 기사를 얼마나 낼 수 있느냐가 매우 중요하기 때문이다.

이런 스타일의 제목은 기간 한정 정보를 귀사가 독점할 수 있다는 제안인데, 미디어 측에게 눈여겨봐달라고 어필할 의도로 썼다.

두번째는 다소 절박한 제안이다. 이미 취재가 끝나서 며칠 후면 ××신문사에 실리는 정보를 확대해서 알려야 하거나 어느 정도 화제성이 있음이 검증된 정보를 빨리 게재하고 싶다면 알려주겠다는 제안이다.

이메일 제목은 '클릭'을 유도해야 한다

PR컨설턴트라는 직업상의 이유로 신제품이나 새로운 서비스 출시가 다가오면 위와 같은 이메일이 많아진다.

그런데 미디어 관계자, 특히 현장에서 일하는 디렉터들은 정신을 차리기 힘들 정도로 몹시 바쁘다.

아무리 독점, 단독 정보라도 이들이 클릭하지 않으면 아무런 의미가 없다. 그래서 '필독'이라는 의미로 [ ]에 '긴급' '극비' '취급주의' 'ㅇ시까지 귀사 단독'과 같은 메시지를 추가해서 본문을 반드시 읽도록 유도한다.

다만 메일 매거진처럼 매번 자극적인 문장을 쓰면 효과가 반감한다. 이메일을 확인할 때는 보통 발신자가 누구인지도 확인하므로 일반적인 사항에 대해서는 평소에 [ ]나 '극비' 등의 표시는 사용하지 말아야 효과를 볼 수 있다.

이메일은 본문보다 제목이 중요하다!
제목이 매력적이지 않으면 '클릭'하지 않는다.

자기 언어를 구사하는 사람
남의 언어를 모방하는 사람

다음은 많은 사람이 사용하는 SNS 활용법을 살펴보겠다.

내게 페이스북은 PR컨설턴트 겸 방송작가인 나를 PR하는 곳이다. PR업계에서 일하는 입장에서 내 페이스북이 재미없으면 체면이 서지 않는다. 그래서 단순히 그날 일어난 일을 있는 그대로 올리는 식이 아니라 나름대로의 규칙을 세워서 글을 쓴다. 이는 블로그에 쓸 때도 마찬가지다.

SNS는 당신의 연재 칼럼이다

먼저 반드시 유의해야 할 점이 있다. SNS에는 '자신의 언어를 구사해야 한다'는 것이다. 앞서 인터넷이나 매스컴에 의존하지 않고 자신이 직접 보고 들은 소재가 확실히 재미있다고 언급했는데 SNS도 마찬가지다.

자신이 느낀 의문이나 위화감을 토대로 스스로 생각해야 자신의 언어를 구사할 수 있다. 이렇게 자기 언어로 꾸민 글이어야 읽는 사람이 즐겁다.

무조건 거르는 '자기'가 없는 페이스북이나 블로그

예를 들어 명언이나 속담, 뉴스 보도라든가 화제성 기사의 인용, 신기한 토픽이나 '오늘은 ○○날'과 같은 역사적인 사실 등. 이런 글은 너무나 흔하다.

나는 결코 이런 글은 쓰지 않는다. 인용을 하는 순간 노로 에이시로다움이 사라지기 때문이다.

일반론이지만 학자의 글은 너무 재미없다(특히 문과). 직업상 문헌 인용이 많아서 일목요연하지 않고 '글쓴이'가 떠오르지 않는다.

평범한 회사원도 마찬가지다. 뭐든 상관없으니 자신의 감상, 자신의 의문, 자신의 위화감을 쓰는 게 단연코 재미있고 자기가 어떤 사람인지를 알릴 수 있다. 결론이 없다면 없는 대로 상관없다. SNS이니 모르는 건 모르는 대로 질문을 던지면 된다. 읽는 사람 중에 아는 사람이 있다면 답변해줄 테니까 말이다.

말하자면 페이스북이나 블로그는 그 사람의 '연재 칼럼'인 것이다.

그런데 어째서 100퍼센트 타인의 시선이 담긴 자료나 100퍼센트 타인의 생각을 담은 글을 올리는 걸까? 작가가 이런 식으로 글을 쓰면 어떻게 될까? '독자'들은 어처구니없어하며 다시는 그 사람의 글을 읽지 않을 것이다.

매일 기사나 투고를 쓰는 일이 직업인 사람이라면, 바쁘거나 이야깃거리가 떠오르지 않을 때 격언이나 뉴스를 소재로 글을 쓰기도 한다.

애초에 무리해서 자주 글을 쓸 필요도 없지만, 단순한 인용이나 소개 글을 쓰더라도 당신이 어떻게 생각하는지, 인용 부분에 대한 당신의 입장은 무엇인지 정도는 단문이라도 좋고 틀려도 좋으니 함께 올리는 것이 좋다.

key point

SNS는 당신이 연재하는 칼럼이다.
사기 미야기를 쓰자!

법칙
46

맛집 랭킹을 올리는 사람
뻔하고 흔한 가게를 올리는 사람

내 페이스북은 노로 에이시로라는 인간의 팬을 늘리기 위해서 존재한다. 그래서 팬 확보에 나쁜 영향을 주는 글은 올리지 않는다.

사실 중심의 짧은 문장이 그 대표격인데, 어디에 왔다, 무엇을 먹었다, 비가 내렸다, 버스가 막힌다 등과 같은 단문은 '자신의 연재 칼럼'이 아니라 트위터를 이용하면 좋을 것이다.

또 페이스북에 모임에서 찍은 사진을 넣은 글을 올려 친구들과 공유하거나 댓글로 이야기를 나누기도 하는데, 이런 특정인이 대상인 글은 반드시 공개 범위를 제한한다.

또한 극히 개인적인 글은 비공개로 해서 남들 눈에 띄지 않도록 한다.

무엇을 쓸 것인가는 매우 간단하다. 독자가 즐거워할 내용으로 채우면 된다. '어제 카레를 먹었는데 매우 맛있었어요!'와 같은 개인의 일상적인 글은 읽는 사람들에게 아무런 의미가 없다. 적어도 '카레를 먹었는데 안에서 인도 불상이 나왔어요' 정도가 아니면 몰라도 말이다.

'불쌍한 사람'임을 선전하는 건 곤란하다!
카레 먹은 일을 반드시 올리고 싶다면 왜 그런지 이유가 있어야 하는데, 남들이 읽었을 때 유익한가를 그 기준으로 삼으면 좋다.

카레 맛이 엄청나게 맛있다면 맛집 정보로 꾸며서 올린다. 어떤 특징과 맛을 표현하고 가게의 위치와 얼마나 기다려야 하는지 등을 적으면 흥미를 느끼는 사람이 있을 것이다.

혹은 당신이 '1일 1카레'를 실천하는 카레 마니아라면 페이스북을 카레 글로 도배해도 의미가 있다. 단순히 먹은 카레를 나열하기보다는 가게를 비교해서 랭킹을 매겨두면 나중에 알고 찾아온 사람들도 일목요연하게 정보를 얻을 수 있어 더 유익한 글이 된다.

반대로 말해서 이렇게까지 하지 않으면 '오늘 카레를 먹었어요'라는 글은 아무런 쓸모가 없는 글이라는 의미다.

강연회나 강습회에 후기를 올릴 때도 마찬가지인데, '자기 언어'가 없으면 글쓴이가 연상되지 않는다.

강사의 말을 요점 정리하고 '많이 배웠어요!'라고만 적은 글은 '오늘 카레를 먹었는데 맛있었어요'와 별반 차이가 없다.

'정말로 배울 게 많았던 강연회였어요. 강사도 멋졌고요' 이렇게 올리는 사람이야말로 참으로 한심하기 그지없다. 유명세를 타는 멋진 강사와 함께 사진을 찍었다고 자랑하고 싶겠지만 멋진 사람은 강사지 옆에서 함박웃음을 보이는 당신이 아니다.

비판을 감수하더라도 강의가 어땠고 자신은 어떻게 생각하는지를 쓰지 않으면 그저 '별생각 없이 강연회를 쫓아다니는 사람'으로밖에 비춰지지 않는다.

key point

SNS는 일기가 아니다.
님들이 읽어서 유익한 글을 쓰자.

법칙
47

SNS를 재미있게 쓰는 사람은
긍정적인 글로
친구들을 즐겁게 한다.

VS

SNS를 재미없게 쓰는 사람은
비판하는 글로
읽는 이의 기분을 망친다.

긍정적인 글을 올리는 사람
비판적인 글만 올리는 사람

SNS에 자신의 생각이나 의문점을 글로 남길 때 유의해야 할
점이 세 가지 있다.

1. 개인의 즐거움뿐만 아니라 일반적으로 유익한가?

기본적으로 페이스북과 블로그는 개인을 알리기 위한 미디어다.
그래서 남들이 봐주지 않으면 의미가 없다. 때문에 올리는 글이
독자들에게 유익한 정보인지 아닌지를 먼저 생각해야 한다.

2. 독자에게 용기를 주는가?

긍정적이고 용기나 희망을 주는 정보를 제공해야 한다. 당신이
남의 글을 읽는다고 생각해보자. 아침이나 밤에 한 번 또는 틈
틈이 시간 날 때마다 확인하는데 죄다 부정적이고 불만투성이

인 글만 있다면 어떻겠는가? 나 같으면 몹시 우울해질 것 같다. 동시에 이런 글을 쓰는 사람이라면 분명 한심한 인간일 거라고 생각할 것이다.

아무리 슬프고 괴로운 일이 글의 소재일지라도 긍정적 측면을 부각할 수 있다. 단순히 정보를 공개하는 것에 그치지 않고 독자들이 보고 긍정적인 용기를 얻을 수 있는 시각으로 글을 써야 한다. 글을 읽고 다행이라고 생각할 수 있는 글을 올리는 것을 추천한다.

3. 분수를 모르거나 오만한 글이 아닌가?

앞서 자신의 생각이나 의문, 위화감을 써야 한다고 강조했는데, 잘못해서 오만한 태도로 비판하거나 남의 말을 빌려 누군가를 공격하지는 않는지 세심히 살펴봐야 한다. 자신과 어울리지 않고 분수를 모른 채 비판하는 경우도 많으니 주의하자.

부정적인 글은 읽는 사람의 기분을 상하게 만들고, 비판으로 일관하는 글은 환영받지 못한다.

비판은 기본적으로 무엇이 문제인지 알아야 비로소 가능하다. 그런데 아무런 개선책을 제시하지 못하고 비판을 위한 비판만 한다.

예를 들어 제삼자인데 '미디어 탓이야' '악덕 기업은 처단해야 해' 등과 같은 글은 개선책 없는 비판에 지나지 않는다. 그리고 대다수는 이런 식의 글이 유행인 양 착각한다.

　이런 비판을 하려면 미디어나 악덕 기업에 대한 자신의 입장을 밝힌다. 그리고 그들이 무엇을 잘못하는지, 그 개선책은 무엇인지 논리를 가지고 누구나 알기 쉽게 제시해야 한다. 이렇게 설명할 수 없다면 맹목적인 비판은 삼가는 게 좋다. 그렇지 않으면 그저 자신의 매력을 깎아내리는 일에 지나지 않기 때문이다.

key point

읽으면 즐거운 글을 쓰자.
비판을 하려면 대책을 제시해야 한다.

법칙
48

SNS를 재미있게 쓰는 사람은
팬티를 벗고 비행기를 탄다.

VS

SNS를 재미없게 쓰는 사람은
팬티를 입고 비행기를 탄다.

웃기는 이야기를 만들려는 사람

평범한 일상에 만족하는 사람

앞서 실패담은 근사한 이야깃거리라고 했다. 페이스북이나 블로그에서도 마찬가지다.

사람은 실패나 고민에 공감하는 동물이다. 열심히 하느라 생긴 실패는 단순한 웃음거리가 아니라 그 사람의 됨됨이를 어필해준다.

실패담일수록 '좋아요'가 많다

좀 이상하게 들릴지 모르겠지만, 요즘 나는 실패담이 생기면 페이스북에 올릴 이야깃거리가 생겼다고 좋아한다.

모 방송작가가 뉴욕에 갔을 때, 공항에서 나오자마자 개똥을 밟았다는 이야기는 지금도 생각날 정도로 재미있다.

6,000마일이 넘는 거리를 열 시간 넘게 날아가 드디어 뉴욕

땅을 밟는다고 잔뜩 기대하고 공항을 나섰을 텐데 첫발에 개똥을 밟다니…….

나는 이 이야기를 듣고 이런 행운아는 없다고 생각했다. 정말로 재미있는 에피소드가 생겼기 때문이다.

얼마 전, 지방에서 비행기를 타고 도쿄로 돌아올 때의 일이다. 거래처에서 차를 마련해줘서 공항까지 편히 갈 수 있을까 싶었는데 길이 막혀서 비행기를 놓치는 '해프닝'이 벌어졌다.

다음 편 탑승권을 구했지만 결국 공항에서 기다리는 신세가 되었다. 거래처 사람들은 본인들 잘못이 아님에도 '대중교통을 탔으면 이런 일이 없었을 텐데 쓸데없는 짓을 했다'며 연거푸 사과했다.

나는 이 실패담을 무용지물이 된 탑승권 사진과 함께 페이스북에 바로 올렸다. 그랬더니 '좋아요' 수가 엄청나게 늘었다. 이처럼 실패담은 동정과 공감을 얻기 쉽다.

일부러 '실패담'을 만드는 방법도 있다.

예를 들어 "만약 팬티를 입지 않고 비행기에 타면 어떻게 될까요?"라는 글을 올린다. 그리고 실제로 해보지 않으면 무슨 일이 일어날지 알 수 없으므로 팬티를 입지 않고(물론 바지는 입는다) 비행기에 타본다. 정장을 차려입은 샐러리맨들 속에서 자신만이 노팬티인 것이다. 물론 나 자신도 정장 차림이므로 겉으로는 말끔한 샐러리맨이다.

어떤 일이 일어나야 노팬티가 들킬까? 상상만 해도 재미있지 않은가?

이 아이디어는 실제로 와인을 마시다가 흘려서 기내에서 잠시 담요 아래에 팬티 한 장만 입고 있었던 적이 있는데, 그때 떠오른 생각이다.

어쨌든 책의 마지막을 팬티 이야기로 장식하다니 지극히 나답다는 생각이 든다.

◆ 이메일은 본문보다 제목이 중요하다! 제목이 매력적이지 않으면 '클릭'하지 않는다.

◆ SNS는 당신이 연재하는 칼럼이다. 자기 이야기를 쓰자!

◆ SNS는 일기장이 아니다. 남들이 읽어서 유익한 글을 쓰자.

◆ 읽으면 즐거운 글을 쓰자. 비판을 하려면 대책을 제시해야 한다.

◆ 실패하면 이야깃거리가 생긴다. 일부러 실패담을 만드는 방법도 있다.

20퍼센트 더
재미있는 사람이 되었습니까?

사람은 단순히 재미있기만 해서는 안 된다. 물론 코미디언은 별개다. 평소에 진지하고 엄해서 아무리 후배들을 들볶더라도, 카메라 앞에서는 누구보다 재미있다면 상관없다.

하지만 우리는 코미디언이 아니다. 우리가 대화로 사람을 웃기고 분위기를 부드럽게 만드는 이유는 제안을 관철시키거나 좋아하는 이성에게 호감을 주려는, 이른바 '본업'을 잘 수행하려는 목적이 있기 때문이다.

우리가 사는 세상에서 재미란 '무언가'와 세트를 이루었을 때 비로소 의미가 있다.

'무언가'를 가지고 있는 사람이 있다. 성실함을 가진 사람, 고도의 기술을 보유한 사람, 냉정한 판단력을 가진 사람, 한 분야에서 둘째가라면 서러운 마니아 기질이 있는 사람 등.

그런데 이런 능력만으로는 뭔가 아쉽다. 왜냐하면 세상의 모든 일은 남들과의 관계 속에서 이루어지기 때문이다.

이런 '무언가'를 가지고 있는 사람에게 '재미'라는 옵션이 더해지면 정말로 무서울 게 없는 무적이 된다.

그리고 일상에서 회의나 미팅이 재미없다면 삶도 재미없을 것이다. 대하드라마에 나오는 것처럼 누구를 죽이고 살리는 회의를 하는 것도 아니지 않는가? 당신은 더 나은 삶을 위해 일하고 회의와 미팅에 임한다. 그런데 그 자리가 재미있다면 삶이 얼마나 즐거울까?

상대방이 어떤 사람인지 잘 관찰하고 배려해서 상대방의 마음을 열자. 그리고 당신의 능력을 보여주자. 그러면 지금과는 다른 세상이 펼쳐질 것이다.

이 책을 쓰면서 나 자신도 알지 못했던 능력을 키워주고 새로운 아이디어를 끄집어내준 출판사의 구로카와 세이치 편집장님, 끈기를 갖고 편집에 협력해주신 마스자와 겐타로 씨와 마사키 세이치 씨, 책을 멋지게 디자인해주신 이노우에 신파치 씨, 페이지를 풍부하게 만들어주신 일러스트레이터 가노 노리히로 씨 그리고 인쇄회사를 비롯해서 유통해주신 여러분. 정말로 감사합니다.

그리고 이 책을 읽어준 독자 여러분. 이 순간부터 여러분은 20퍼센트는 더 재미있는 사람이 되었을 테니 지금 당장 실천해 봅시다.

노로 에이시로

옮긴이 **신찬**

인제대학교 국어국문학과를 졸업하고, 한림대학교 국제대학원 지역연구학과에서 일본학을 전공하며 일본 가나자와 국립대학 법학연구과 대학원에서 교환학생으로 유학했다. 일본 현지에서 한류를 비롯한 한·일간의 다양한 비즈니스를 오랫동안 체험하면서 번역의 중요성과 그 매력을 깨닫게 되었다. 현재 번역 에이전시 엔터스코리아에서 출판 기획 및 일본어 전문 번역가로 활동 중이다.

옮긴 책으로《읽지 않으면 후회하는 성공을 부르는 5가지 작은 습관》《일도 연애도 잘하는 사람들의 68가지 습관》《성공을 부르는 1%의 기적》《무인양품은 왜 싸지도 않은데 잘 팔리는가》《일하는 의미를 잊은 당신에게》《예민한 게 아니라 섬세한 겁니다》등이 있다.

인생이 술술 풀리는 말습관의 비밀

ⓒ 노로 에이시로, 2020

초판 1쇄 발행일   2020년 2월 24일
초판 2쇄 발행일   2020년 4월 24일

지은이   노로 에이시로
옮긴이   신찬
펴낸이   정은영
기획편집   고은주 정사라 문진아
마케팅   이재욱 최금순 오세미 김하은
제작   홍동근

펴낸곳   꿈지락
출판등록   2001년 11월 28일 제2001-000259호
주소   04047 서울시 마포구 양화로6길 49
전화   편집부 (02)324-2347, 경영지원부 (02)325-6047
팩스   편집부 (02)324-2348, 경영지원부 (02)2648-1311
이메일   spacenote@jamobook.com

ISBN 978-89-544-4210-7 (03320)

이 도서의 국립중앙도서관 출판시도서목록(CIP)은 서지정보유통지원시스템 홈페이지 (http://seoji.nl.go.kr)와 국가자료공동목록시스템(http://www.nl.go.kr/kolisnet)에서 이용하실 수 있습니다.(CIP제어번호: CIP2020001726)